AI와 예술 창작 자동화

인공지능총서

인공지능 시대입니다. 기계가 인간의 인지를 대신하고, 사물이 인간을 통하지 않고 다른 사물과 직접 커뮤니케이션합니다. 이에 따른 인간 삶과 문명 변화를 정확히 이해·예측·대응하는 것은 이 시대 우리 모두의 과제입니다. 인공지능총서는 인공지능 기술과 환경의 여러 주제를 10가지 키워드로 정리합니다. 관련 개념과 이론, 학계와 산업계의 쟁점, 우리 일상의 변화를 다룹니다. 인간과 기술의 현재, 미래를 세심히 분석합니다.

일러두기

- 인명, 작품명, 저서명, 개념어 등은 한글과 함께 괄호 안에 해당 국가의 원어를 병기했습니다.
- 외래어 표기는 현행 어문규정의 외래어표기법을 따랐습니다. 다만 '딥마인드', '딥러닝', '딥드림', '딥시크' 등은 관행을 따랐습니다.

처음이세요?

전문가세요?

AI와 예술 창작 자동화

정성훈

대한민국, 서울, 커뮤니케이션북스, 2025

AI와 예술 창작 자동화

지은이 정성훈
펴낸이 박영률

초판 1쇄 펴낸날 2025년 5월 16일

커뮤니케이션북스(주)
출판 등록 2007년 8월 17일 제313-2007-000166호
02880 서울시 성북구 성북로 5-11
전화(02) 7474 001, 팩스(02) 736 5047
commbooks@commbooks.com
www.commbooks.com

ISBN 979-11-430-0077-4 03500

책값은 뒤표지에 표시되어 있습니다.

차례

AI가 예술을 창작할 수 있을까

AI란 무엇인가

AI(Artificial Intelligence)란 단어가 뜻하는 대로 인공적으로 만든 지능이다. 인공적으로 만들었다는 것은 자연적으로 존재하는 것이 아니라 인간이 만들었다는 의미다. 여기까지는 이해하는 데 큰 어려움이 없다. 그렇다면 지능은 무엇인가? 여기서부터 사실 정의나 설명에 어려움이 있다. 과연 지능이란 무엇인가? 어떤 용어나 개념을 명확히 파악하는 좋은 방법 중 하나는 반대 용어나 개념을 그것과 대비해 보는 것이다. 지능이 없다는 것은 무엇일까? 우선 무생물에게 지능이 없다는 것은 모두 동의할 것이다. 흙이나 돌이나 쇠는 지능이 없다. 지능의 수준을 측정하려면 반응이나 행동을 관찰해 그 행동의 효용성을 평가해야 하는데, 무생물은 행동 자체를 할 수 없으므로 이는 당연한 결과다. 그렇다면 생물은 지능이 있을까? 있는지 없는지만 따지면 지능의 높고 낮음은 있겠지만 일반적으로 생물은 지능이 있다. 생물 중에서도 동물은 일반적으로 지능을 갖고 있다. 단세포 생물인 아메바에서 어류와 포유류로 갈수록 점점 더 높은 지능을 갖추었다고 볼 수 있다. 그리고 지구상에 존재하는 동물 중 하나인 인간은 가장 높은 지능을 가진 존재다. 인간의 지능이 다른 동물보다 높은 이유로는 여러 가지가 있겠지만 그중 하나만 꼽자면 인간이 도구를 사용해 작업의 효율을 높일 수 있기 때문이다. 인간은 구석기 시대부터 자연에 존재하는 돌과 나무 등을 이용해 사냥과 채집을 해 왔다. 물론 다른 동물 중에서도 침팬지가 나뭇가지로 개미나 벌레를 잡거나 수달이 돌로 잡은 조개를 깨 먹는 정도로 도구를 사용하기도 한다. 그러나 인간처럼 도구를 고도로 발전시켜 문명을 형성한 동물은 없다. 결국 인간의 문명은 인간의 지능을 바탕으로 발전해 왔다고 볼 수 있다.

그렇다면 원래의 질문으로 돌아가서, 인간의 지능이란 무엇인가? 많은 사람이 지능을 정의하려 시도했으나 이를 한 문장으로 완벽하게 표현하는 것은 매우 어려운 일이다. 인공지능 분야에 큰 역할을 한 앨런 튜링(Alan Turing)은 "기계가 인간처럼 사고할 수 있다면 그것을 지능적이라 할 수 있다"(Turing, 1950)고 했다. 허버트 사이먼(Herbert Simon)은 "지능은 목표를 달성하기 위한 문제 해결과 합리적 의사결정 과정이다"(Simon,

1957)라고 했으며 마빈 민스키(Marvin Minsky)는 "지능은 문제 해결을 위한 여러 개의 작은 지식과 규칙이 협력하는 과정이다"(Minsky, 1986)라고 했다. 또한 스튜어트 러셀(Stuart Russell)과 피터 노비그(Peter Norvig)는 "지능적인 행동이란 주어진 환경에서 목표를 달성할 수 있도록 합리적으로 행동하는 것이다"(Russell & Norvig, 1995)라고 했다. 이러한 정의들의 공통점은 지능이 문제를 효율적으로 해결하는 방법을 고안할 수 있는 능력이라고 보는 것이다. 이러한 능력을 갖추기 위해서는 문제를 파악하고 분석해 목표를 달성하기 위한 여러 단계의 계획을 세우고 단계별 계획에 문제가 없는지 혹은 더 좋은 방법이 없는지 검토할 수 있어야 한다. 따라서 인간처럼 사고할 수 있는 능력이 필요하다. 더 나아가 인간처럼 행동할 수 있는 능력도 필요하다. 결론적으로 AI란 이러한 지능을 인공적으로 기계에 구현해 기계가 사고하고 지능적인 행동을 할 수 있도록 한 것이다.

창작이란 무엇인가

국립국어원 표준국어대사전은 창작을 "방안이나 물건 따위를 처음으로 만들어 냄"으로 정의한다. 즉 창작에서 가장 중요한 것은 새로움이다. 그러면 새롭다는 것은 무엇인가? 새롭다는 것은 기존에 없던 것을 의미하지만, 이를 정의하기는 매우 애매모호하다. 색깔이나 모양만 약간 다르게 한 것도 기존에 없던 것으로 본다면, 대부분이 새로운 것이 되기 때문이다. 고대 그리스 철학자 헤라클레이토스는 "같은 강물에 두 번 발을 담글 수 없다"고 말했는데 이는 "모든 만물은 끊임없이 변해 이전과 같지 않다"라는 뜻이다. 따라서 시간의 흐름만으로도 모든 것은 새로워진다. 반면 성경 구약 전도서에는 "해 아래는 새 것이 없나니 무엇을 가리켜 이르기를 보라 이것이 새 것이라 할 것이 있으랴"라고 기록되어 있다. 이는 무언가가 새로운 것처럼 보여도 기존에 있던 것의 조합에 불과하다는 의미다. 사실 물리학적으로 보면 만물과 그 변화는 단지 원자의 분리와 재결합에 불과하며 본질적으로 사라지거나 새롭게 생성되는 것은 없다. 더 나아가 아인슈타인의 유명한 공식에 따르면 이러한 원자들조차 결국 에너지에 불과하므로 만물과 그 변화는 에너지의 춤에 지나지 않는다.

그렇다면 많은 사람이 인정하는 새로운 것이란 무엇일까? 이를 정의하기는 어렵지만 "기존에 있는 것을 모방하면서도 쉽게 떠올릴 수 없는 새로운 조합을 만들어 내 새로운 의미를 부여하는 것"이라고 할 수 있다. 더 나아가 그렇게 만들어진 새로운 것이 기존에 없던 새로운 기능이나 이전보다 향상된 성능을 보인다면 많은 사람이 그것을 새롭다고 인정할 것이다. 결국 창작이란 기존에 존재하는 것을 기반으로 새로운 기능이나 향상된 성능 등 새로운 의미를 부여하는 것을 의미한다고 볼 수 있다.

AI가 예술을 창작할 수 있을까

앞서 살펴본 질문 "AI란 무엇인가"와 "창작이란 무엇인가"를 바탕으로 "AI가 예술을 창작할 수 있을까"라는 물음에 도전해 보자. "AI란 무엇인가"에서 살펴봤듯 AI는 "인간의 지능을 인공적으로 기계에 구현해 기계가 사고하고 지능적인 행동을 할 수 있도록 한 것"으로 정의되고, "창작이란 무엇인가"에서 살펴봤듯 창작은 "기존에 존재하는 것을 기반으로 새로운 기능이나 향상된 성능 등 새로운 의미를 부여하는 것"으로 정의된다. 그렇다면 당연히 AI가 예술을 창작할 수 있어야 한다. 그러나 현재까지 개발된 AI가 앞서 정의한 AI를 구현했는지 먼저 따져 보아야 한다. 1989년, 필자가 AI를 연구하기 위해 대학원 석사 과정에 입학해 처음 AI를 공부했을 때 느낀 것은 "이게 무슨 AI야?"라는 실망감이었다. 그 당시 AI는 내가 기대했던 것과 달라 큰 실망을 했던 기억이 있다.

그러한 실망은 비교적 최근까지 이어졌다. 2016년 딥마인드의 알파고가 이세돌 9단과의 대국에서 4승 1패로 승리했을 때조차, 대단한 성과이기는 했지만 AI를 잘 아는 사람으로서 여전히 앞서 정의한 AI를 구현하는 데는 미치지 못한다고 생각했다. 알파고의 핵심 기술인 강화학습은 본질적으로 방대한 데이터와 계산량을 통한 최적화 과정이므로 "사고"와 "지능"을 구현했다고는 보기 어려웠기 때문이다.

그러나 이러한 필자의 생각을 근본적으로 바꾼 일이 2022년 11월 30일에 일어났는데, 그 일이란 요즘 매우 다양한 분야에서 엄청난 활약을 펼치고 있는 생성 AI인 챗GPT(ChatGPT)의 출시다. 비록 환각(hallucination) 현상으로 엉뚱한 답을 하는 경우가 있었지만, 기존 AI와 다르게 사람의 질문에서 핵심을 파악하고 인간 수준으로 답변하는 것을 보고 이 정도면 "사고"와 "지능"을 구현했구나 하는 생각이 들었다. 물론 아직 누구도 챗GPT가 진짜로 "사고"하고 진짜로 "지능"이 있다고 확신할 수 없으며 이러한 논쟁은 오랜 기간 이어질 것으로 보인다. 그렇지만 인간의 "사고"와 "지능" 발휘 메커니즘이 아직 명확히 밝혀지지 않은 현시점에는 챗GPT가 답변하는 것이 "사고"에 의한 것이 아니며 그러므로 "지능"적이지 않다고도 이야기할 수 없다. 또한 뇌공학을 통해 인간의 사고하는 방식과 지능을 발휘하는 방식이 명확히 밝혀진다고 해도 그러한 방식이 아니면 "사고"와 "지능"이 아니라고 단정할 수도 없다. 왜냐하면 "새처럼 나는 것만이 진짜 나는 것이고 비행기처럼 나는 것은 나는 것이 아니다"라고 누구도 이야기할 수 없기 때문이다. 결국 인간과 AI는 서로 다른 방식으로 사고할 수 있다는 결론에 이를 수 있다. 이러한 필자의 관점으로 보았을 때 생성 AI, 특히 챗GPT와 같은 대규모 언어 모델(Large Language Model, LLM)은 AI를 구현했다고 볼 수 있다. 이를 종합하면 "초거대 언어 모델은 창작을 할 수 있다"라는 결론에 도달한다. 그러한 창작에는 당연히 예술도 포함되며 최근에는 수학, 과학, 공학 등 고도의 인간 지능이 요구되는 분야에서도 생성 AI를 이용한 자동화 연구가 활발히 진행되고 있다.

AI 창작 시대를 어떻게 대비할 것인가

진정한 AI가 구현되어 창작이 가능하다면 인간은 이러한 시대를 어떻게 살아가야 할 것인가가 중요한 이슈가 된다. 혁명적인 새로운 기술이 등장할 때마다 사회적 변화가 발생하며, 이러한 변화에 적응하는 사회나 사람은

살아남지만 그러지 못하면 도태되기 쉽다. 따라서 AI 창작 자동화 시대를 어떻게 대비하고 준비할지 고민하는 것은 매우 중요하다. 우선 시대의 변화를 수용하는 자세가 필요하다. 변화는 기존의 것을 바꾸는 과정에서 저항을 불러일으키기 마련이지만, 기존 기준만을 고수하며 변화를 거부하는 것은 바람직하지 않다. 역사적으로도 이러한 변화를 거부한 경우가 많았지만, 결과적으로 그러한 행동이 부적절했고 변화를 거부한 사회나 사람이 도태되는 경우가 많았다. 러다이트 운동은 1811년부터 1816년까지 영국에서 발생한 기계 파괴 운동으로, 직물 산업 노동자들이 기계 도입으로 인한 일자리 상실을 우려해 공장 기계를 파괴했지만, 산업화의 흐름을 막지는 못했다. 2차 산업혁명 기간 자동차의 개발로 인해 마차 산업 종사자들이 변화에 반발했으나, 결국 마차 산업은 쇠퇴의 길을 걸었다. 코닥은 디지털 카메라 시장의 부상에 적절히 대응하지 못하고 필름 카메라에 집중한 결과 2012년 파산 신청을 하게 되었다. 이러한 역사적 사실을 반면교사 삼아 개인과 사회는 변화에 대한 개방적 태도를 유지하고 새로운 기술을 활용할 수 있는 방향으로 적응해야 한다. 기술의 발전은 필연적 흐름이며, 이를 거부하기보다는 적극적으로 수용하고 활용하는 전략이 필요하다. AI 창작 도구를 단순한 경쟁 상대로 보기보다는 협업의 도구로 인식하고, 인간의 창의성과 AI의 효율성을 결합해 새로운 가치를 창출하는 것이 중요하다.

이 책이 AI 시대를 맞이하는 예술 창작자들에게 AI 기술의 과거와 현재에 대한 기본적인 정보를 제공하고 그 기술이 현재 다양한 예술 분야에 어떻게 활용되고 있는지 파악할 수 있게 해 다가올 AI 예술 창작 자동화 시대를 대비하는 데 조금이나마 도움이 된다면, 저자로서 큰 기쁨이 될 것이다.

참고문헌

Minsky, M.(1986). *The Society of Mind.* New York: Simon & Schuster.

Russell, S. & Norvig, P.(1995). *Artificial Intelligence: A Modern Approach.* Pearson.

Simon, H. A.(1957). *Models of Man: Social and Rational – Mathematical Essays on Rational Human Behavior in a Social Setting.* Wiley.

Turing, A. M.(1950). Computing Machinery and Intelligence. *Mind,* 59(236), pp.433-460.

01
AI와 예술의 만남

AI 기술은 1950년대 시작되어 1차, 2차 부흥기를 거쳐 현재 3차 부흥기 초엽에 이르렀다. 각 부흥기의 핵심 기술과 이러한 기술이 예술에 어떻게 응용되었는지를 간략히 살펴본다. 특히 최근에는 생성 AI가 예술 창작의 새로운 도구로 주목받으며 많은 예술가가 새로운 시도를 하고 있다. 이를 통해 AI와 예술의 접점이 어디에 있는지 전반적으로 확인해 본다.

AI와 1인 창업?

1차 부흥기 AI 기술 및 예술 창작 응용

AI 기술의 1차 부흥기는 1950~1960년대다. AI 기술 개발 초기로서 이 시절에는 규칙 기반(rule-based) 시스템이 주류를 이루었다. 즉 인간의 지적 작업을 리스프(Lisp)와 같은 심벌(symbol) 처리에 특화된 컴퓨터 언어를 사용해 규칙 기반 방식으로 구현했다. 1966년 조지프 와이젠바움(Joseph Weizenbaum)이 개발한 초기 자연어 처리 프로그램인 엘리자(ELIZA)는 심리 치료사 역할을 모방한 챗봇이었다(Weizenbaum, 1966). 그러나 최근에 개발된 챗GPT와는 달리 엘리자는 단순한 패턴 매칭에 기반한 시스템으로, 사용자의 입력을 분석해 미리 정의된 답변을 출력했다. 예를 들어 사용자가 "나는 슬퍼"라고 입력하면 엘리자는 "왜 그렇게 느끼시나요?"와 같은 질문을 반환한다. 이러한 단순 패턴 매칭임에도 엘리자는 당시 큰 반향을 일으켰다. 비록 동작 방식이나 규모 면에서 최근 주목받는 챗GPT와 직접 비교할 수는 없지만, 엘리자는 현대 챗봇의 시초가 되었다고 볼 수 있다.

현재 대부분의 AI 구현에서 핵심으로 사용되는 딥러닝 기술의 기반인 인공신경망(artificial neural network) 연구도 이 시기에 시작되었다. 워런 매컬러(Warren McCulloch)와 월터 피츠(Walter Pitts)는 최초로 인공신경망 뉴런 모델을 수학적으로 기술했다(McCulloch & Pitts, 1943). 이 뉴런 모델은 이진 뉴런으로, 특정 임곗값을 넘으면 뉴런이 활성화되어 논리 게이트처럼 동작했다. 이 뉴런 모델은 이후 신경망 연구의 기초가 되었다. 프랭크 로젠블랫(Frank Rosenblatt)은 1958년에 퍼셉트론(perceptron)이라는 모델을 개발했다(Rosenblatt, 1958). 퍼셉트론은 단층 신경망으로 학습을 통해 간단한 패턴인식을 수행할 수 있는 모델로서 인공신경망의 학습 개념을 정립했다. 당시 이러한 기술들은 비록 작은 문제에 시험적으로 적용되었고 여러 가지 한계를 갖고 있었지만 현대 AI 연구의 기초가 되었다.

1차 부흥기에 AI를 예술 창작에 접목하려고 한 대표적 시도로는 헤럴드 코언(Harold Cohen)의 AARON이 있다. AARON은 규칙 기반 시스템으로 그림을 생성하는 AI다. 이 작업은 1960년대에 시작되어 2016년에 코언이 사망할 때까지 이어졌다. 이 연구는 AI가 인간의 개입 없이 창작할 수 있음을 보여 주었으며, 최근 이미지 생성에 널리 사용되는 딥러닝 기술인 생성적 적대 신경망(Generative Adversarial Networks, GAN)과 확산 모델(Diffusion Model, DM)에 영감을 주었다.

음악 분야에서는 맥스 매슈스(Max Mathews)가 개발한 뮤직 V(Music V)가 대표적 사례로 꼽힌다(Mathews, 1969). 뮤직 V는 최초의 음악 생성 시스템 중 하나로, 규칙 기반 패턴을 사용해 음악을 자동 생성했으며 컴퓨터를 통해 연주할 수 있었다. 이러한 시스템은 최근 딥러닝 방식의 음악 작곡 시스템인 오픈AI의 뮤즈넷(MuseNet)이나 구글의 마젠타(Magenta)에 영향을 주었다. 알고리즘 예술의 선구자로는 독일의 프리더 나케(Frieder Nake)가 있다. 나케는 규칙 기반 시스템과 행렬연산을 활용해 기하학적 패턴을 자동 생성하고 플로터로 그림을 제작했으며, 그 결과물로 컴퓨터 아트 전시회를 개최했다. 나케의 노력은 현대 생성형 예술(generative art)의 기초를 마련하는 데 중요한 역할을 했다. 위의 사례에서 보듯 1차 부흥기에는 AI 기술 중 주로 규칙 기반 시스템이 예술 창작에 활용되었다. 이는 당시 퍼셉트론을 비롯한 인공신경망 기술이 아직 충분히 발전하지 못했기 때문이다. 로젠블랫이 개발한 퍼셉트론은 단층 신경망만 가능해 복잡한 패턴을 학습하는 데 한계가 있었다. 이로 인해 이미지 생성이나 스타일 학습과 같은 예술적 응용이 어려웠다. 하지만 2차 부흥기에는 다층 퍼셉트론(Multi-Layer Perceptron, MLP)을 학습할 수 있는 오류 역전파(error backpropagation) 학습 방법이 개발되면서 인공신경망도 예술 창작에 활용되기 시작했다. 3차 부흥기에 인공신경망의 층수를 깊이 학습할 수 있는 딥러닝 기술이 개발되면서, 인공신경망은 예술 창작에 핵심적인 역할을 하게 되었다.

2차 부흥기 AI 기술 및 예술 응용

1차 부흥기에 이어 1980~1990년대 AI의 2차 부흥기가 찾아왔다. 1차 부흥기 이후 침체를 겪었던 AI 기술은 그 당시 해결하지 못한 한계를 극복하면서 다시 발전하기 시작했다. 규칙 기반 기술에서는 의학이나 공학 등 특정 도메인의 전문 지식을 컴퓨터에 저장하고, 이를 활용해 추론할 수 있는 시스템이 개발되었다. 대표적 예로는 의료 진단을 위한 MYCIN(Shortliffe, 1974), 화합물 분석을 위한 DENDRAL(Lindsay et al., 1980), 광물 탐사를 위한 PROSPECTOR(Duda et al., 1981) 등이 있다. PROSPECTOR는 실제로 몰리브데넘 광맥을 발견해 큰 성과를 거두었다. 이러한 성공은 비록 지식 공학자(knowledge engineer)가 전문가의 지식을 일일이 규칙화해 규칙 기반 또는 지식 기반(knowledge-based) 시스템으로 구축해야 하는 어려움이 있었지만, AI가 규칙과 지식을 활용해 추론할 수 있다는 새로운 가능성을 확인시켜 주었다.

인공신경망 분야에서는 1차 부흥기 때 해결하지 못한 문제를 해결하면서 2차 부흥기가 도래했다. 이는 데이비드 러멜하트(David Rumelhart)가 퍼셉트론에 은닉층을 추가한 다층 퍼셉트론을 학습할 수 있는 오류 역전파 알고리즘을 개발한 데 기인했다(Rumelhart et al., 1986). 다층 퍼셉트론은 단층 퍼셉트론이 해결할 수 없는 비선형 문제를 다룰 수 있어 복잡한 패턴을 학습할 수 있었다. 이를 통해 인공신경망의 응용 분야가 크게 확대되었다. 그러나 당시에는 컴퓨팅 성능이 낮았고 학습을 위해 출력 오류를 역전파할 때 기울기가 입력층으로 갈수록 점점 사라지는 기울기 소멸(gradient vanishing) 문제를 해결하지 못해, 대규모 퍼셉트론을 학습시키는 데 한계가 있었다. 이러한 문제는 2010년 3차 부흥기에 와서야 해결되었다.

2차 부흥기에 AI를 예술 창작에 활용한 대표적 응용 사례는 다음과 같다. 1981년 데이비드 코프(David Cope)가 전문가 시스템과 패턴 분석을 기반으로 EMI (Experiments in Music Intelligence) 시스템을 개발하기 시작했다. 이 시스템은 바흐, 모차르트, 쇼팽 등 유명 작곡가의 음악 스타일을 학습하고 새로운 곡을 작곡하는 데 사용되었다. 이 시스템이 생성한 음악은 인간 작곡가의 작품과 매우 유사해 AI가 인간의 창작 스타일을 모방할 수 있음을 입증했다. 그러나 이러한 모방이 단순한 패턴 재현인지 실제로 창의적인 작업인지를 둘러싸고 논쟁이 일어났다. 이러한 논쟁은 딥러닝을 사용한 최근의 생성 AI에서도 계속되고 있다. 2차 부흥기에는 다층 퍼셉트론의 개발로 인해 인공신경망을 예술에 응용하는 사례가 나타나기 시작했다. 그 대표적인 예로 1994년 마이클 모저(Michel Mozer)는 순환 신경망(Recurrent Neural Network, RNN)을 기반으로 한 음악 작곡 시스템인 CONCERT를 개발했다(Mozer, 1994). 이 시스템은 바흐의 작품과 유럽 전통 민요를 학습해 새로운 멜로디를 생성하는 데 사용되었다. CONCERT는 음악의 시간적 패턴을 학습하고 예측하는 데 특화되어 있어, 자연스러운 음악 생성이 가능했다. 이러한 연구는 인공신경망을 활용한 음악 생성 분야의 초기 사례로, 이후의 연구와 발전에 중요한 기반이 되었다. 또한 1990년대에는 인공신경망을 활용한 시각 예술 분야의 연구도 진행되었다. 예를 들어 인공신경망을 사용해 예술 작품의 스타일을 분석하고 새로운 이미지를 생성하는 시도가 있었다. 이러한 연구들은 이후 딥러닝 기술의 발전과 함께 예술 창작 분야에서 인공지능의 활용 가능성을 넓히는 데 기여했다. 이처럼 1990년대의 인공신경망을 활용한 예술 창작 연구들은 기술과 예술의 융합을 탐구하는 데 중요한 발판이 되었으며, 현대의 다양한 인공지능 기반 예술 작품의 토대가 되었다.

3차 부흥기 AI 기술 및 예술 응용

2차 부흥기 이후 약 10년이 지난 2010년, 마침내 AI 기술의 3차 부흥기가 도래했다. 이 흐름은 현재까지 지속되고 있으며, 앞으로도 큰 침체기 없이 이어질 것으로 예상된다. 그 이유는 3차 부흥기 이후 10년 이상이 흘렀음에도 여전히 AI 기술은 도입 단계에 있으며, 앞으로 다양한 분야에 접목되어 더욱 확장될 가능성이 크기 때문이다. 전문가들은 AI가 점점 더 인간 생활의 필수 요소로 자리잡을 것으로 전망하고 있다. 이는 2차 산업혁명 이후 전기 기술이 생활 전반에 스며든 것, 3차 산업혁명을 통해 탄생한 컴퓨터와 인터넷이 현대 사회에서 없어서는 안 될 기술이 된 것과 유사한 흐름이라고 할 수 있다. 이러한 관점에서 볼 때, AI 기술의 응용은 이제 막 초입에 접어든 단계라고 할 수 있다.

3차 부흥기를 이끈 세 가지 핵심 요소는 인터넷의 발

달로 빅데이터 확보가 가능해진 점, 고성능 컴퓨팅 기술의 발전으로 대규모 신경망 학습이 가능해진 점, 복잡한 문제에 적용할 수 있도록 인공신경망 기술이 발전한 점이다. AI가 번역이나 대화와 같은 인간 수준의 고도 지능적 작업을 수행하려면 방대한 데이터를 학습해야 한다. 이를 위해서는 빅데이터를 처리할 수 있는 강력한 컴퓨팅 파워와 이 방대한 정보를 저장하고 활용할 수 있는 대규모 인공신경망 모델이 필수적이다. 대규모 학습 데이터의 수집은 시간과 비용이 소요되지만 충분히 가능하며, 컴퓨팅 파워는 그래픽 처리용으로 개발된 GPU(Graphics Processing Unit)의 병렬 처리를 활용해 해결할 수 있었다. 그러나 가장 큰 걸림돌은 방대한 정보를 학습하고 효율적으로 처리할 수 있는 대규모 인공신경망 모델을 구축하는 기술이었다.

이 문제를 해결하는 데 결정적인 역할을 한 것은 제프리 힌턴(Geoffrey Hinton)이 2006년에 발표한 논문이다(Hinton et al., 2006). AI 발전에 크게 기여한 힌턴은 'AI 4대 천왕' 중 한 명으로, 이 연구를 통해 많은 은닉층을 지닌 대규모의 깊은 인공신경망을 학습시킬 수 있는 기반이 마련되었다. 2차 부흥기에는 인공신경망을 다층 퍼셉트론으로 구축할 수 있었지만, 해결하지 못한 문제가 남아 있었다. 가장 큰 문제는 은닉층이 많은 인공신경망 모델을 오류 역전파 알고리즘으로 학습시킬 때 기울기 소멸 현상이 발생한다는 것이었다. 이로 인해 출력층에 가까운 은닉층만 학습이 진행되고, 입력층 쪽으로 갈수록 학습이 제대로 이루어지지 않는 한계가 있었다. 힌턴은 해당 논문에서 모든 층을 한꺼번에 학습시키는 대신 층을 하나씩 쌓아 가며 사전 학습(pretraining)을 진행한 후, 모든 층을 쌓은 뒤 미세 조정(fine-tuning)하는 방법을 제시했다. 이러한 학습 방식 덕분에 은닉층이 많은 깊은 신경망도 효과적으로 학습시킬 수 있게 되었으며, 이는 딥러닝 개발의 중요한 단초가 되었다.

2차 부흥기에는 전문가 시스템을 중심으로 한 규칙 기반 AI가 주류를 이루었으나, 3차 부흥기에서는 딥러닝을 기반으로 한 인공신경망이 중심이 되었다. 물론 규칙 기반 시스템도 여전히 유용하게 활용되고 있지만, 개발 과정에 많은 어려움이 따른다는 한계가 있다. 규칙 기반 시스템을 개발하려면 지식 공학자가 전문가로부터 전문 지식을 전수받아 이를 지식 베이스(knowledge base)로 구축해야 한다. 대표적인 지식 표현 방식으로는 if-then 형식의 규칙을 활용하는 규칙 기반, 객체지향 개념을 적용해 지식을 계층적으로 표현하는 프레임 기반(frame-based), 개념 간 관계를 그래프로 나타내는 의미망(semantic network), 명제 논리나 일차 논리를 이용하는 논리 기반(logical-based) 방식이 있다. 그러나 지식 공학자가 어떤 방법을 선택하든, 전문가로부터 지식을 획득하고 이를 정제해 지식 베이스에 구축하는 과정은 결코 쉽지 않았다. 전문가마다 지식이 다를 수 있고, 내용이 모순되거나 편향될 가능성이 높았으며, 이를 조정하고 정제하는 과정이 필수적이었다. 또한 모든 필요한 지식이 충분히 수집되었는지 확인하는 것도 어려울뿐더러 구축된 지식을 유지 · 보수하는 데도 상당한 노력과 비용이 필요했다. 이러한 문제들로 인해 규칙 기반 AI 시스템의 확장성과 응용에는 많은 제약이 따랐다.

반면 인공신경망은 학습 기능을 갖추고 있어 학습 데이터만 준비하면 된다는 장점이 있다. 즉 인간이 직접 데이터를 분석하고 지식을 추출해 모델에 제공할 필요가 없으며, 단순히 데이터를 입력하면 인공신경망이 스스로 지식을 학습할 수 있다. 이러한 강점 덕분에 3차 부흥기에는 규칙 기반 AI보다 기계학습(machine learning)이 더욱 주목받았으며, 그중에서도 높은 정확도로 대규모 학습이 가능한 인공신경망 기반 딥러닝이 주류가 되었다. 그러나 딥러닝에도 단점이 없는 것은 아니다. 가장 큰 한계는 인공신경망이 '블랙박스(Black Box) 모델'이라는 점이다. 즉 모델 내부에서 정보가 처리되는 과정을 인간이 명확하게 이해하기 어렵다는 문제가 있다. 물론 신경망의 구조와 동작 원리를 알기 때문에 수학적으로 입력과 출력의 관계를 추적할 수는 있지만, 그 과정이 단순한 수치 계산에 불과해 의미적으로 해석하기 어렵다. 이러한 문제는 특히 의료, 국방, 금융과 같이 AI의 판단 근거가 중요한 분야에서 더욱 두드러진다. 이러한 분야에서는 출력 결과 자체도 중요하지만, AI가 왜 그러한 결정을 내렸는지 설명할 수 있는지가 핵심 요소가 된다. 이를 해결하기 위해 AI의 의사결정 과정을 명확히 파악할 수 있도록 하는 해석 가능한 인공지능(eXplainable AI, XAI) 연구가 활발히 진행되고 있다. 이러한 측면에서 보면, 규칙 기반 전문가 시스템은 내부 동작의 의미를 명확히 파악할 수 있다는 점에서 인공신경망보다 큰 장점을 지닌다.

3차 부흥기에는 딥러닝 기술의 높은 성능으로 인해 AI 기술이 다양한 분야에 폭넓게 적용되고 있다. 예술 분야도 예외가 아니며, 많은 응용 시스템이 개발되고 있다. 대표적인 사례를 살펴보면, 2015년 구글은 딥드림(DeepDream)이라는 시스템을 개발해 이미지를 초현실적인 스타일로 변환할 수 있도록 했다. 같은 해 개발된 뉴럴 스타일 트랜스퍼(Neural Style Transfer)는 딥러닝을 활용해 유명 화가의 스타일을 사진에 적용해 해당 화가의 화풍으로 변환하는 기술을 선보였다. 또한 2014년 개발된 생성적 적대 신경망은 이미지, 음악, 텍스트 생성 등에 활용되며, 2018년에는 이를 이용해 생성된 초상화가 크리스티 경매에서 43만 달러에 낙찰되기도 했다. 그러나 이러한 생성 AI보다 더욱 강력한 기술이 등장했는데, 그것이 바로 챗GPT다. 챗GPT는 대규모 언어 모델로 개발되었으며, 본래 자연어 처리를 목적으로 했으나 최근에는 언어뿐 아니라 음성과 이미지 등을 아우르는 멀티모달(multi-modal) AI의 중심 기술로 확장되고 있다. 챗GPT의 등장으로 인해 AI는 단순히 이미지나 소리, 음악 등 자연적 데이터를 생성하는 것을 넘어 시 · 소설 창작, 시나리오 제작 등 문학 · 예술 분야에서도 널리 활용되고 있다. 아울러 텍스트 기반 생성 모델의 발전으로 이미지, 음악, 동영상을 생성하는 다양한 시스템이 등장하고 있다. 예를 들어 2021년 1월에 발표된 달리(DALL · E)와 2022년 8월에 발표된 스테이블 디퓨전(Stable Diffusion)은 텍스트 입력을 기반으로 이미지를 생성하는 데 사용된다. 미드저니(Midjourney)는 2022년

7월에 서비스를 시작한 AI 이미지 생성 서비스로, 예술적 스타일의 이미지 생성에 특화되어 있다. 한편 오픈AI는 2024년 12월에 소라(Sora)라는 텍스트 기반 비디오 생성 모델을 출시했다. 소라는 사용자가 텍스트 프롬프트를 입력하면 프롬프트에 기술된 내용으로 동영상을 생성할 수 있다.

이처럼 3차 부흥기의 발전된 딥러닝 및 자연어 처리 기술은 생성 AI를 기반으로 산업 전반에 큰 영향을 미치고 있으며, 특히 예술 분야에도 혁신적인 변화를 가져오고 있다. 앞으로는 누구나 전문적인 지식 없이도 간단한 텍스트 입력이나 대화를 통해 고품질의 예술 작품을 창작할 수 있는 시대가 도래할 것이다. 우리는 이러한 변화를 어떻게 준비하고 맞이할 것인지 깊이 고민하고 적극적으로 대응해 나가야 한다.

참고문헌

Duda, R. O. et al.(1981). Model design in the PROSPECTOR consultant system for mineral exploration. In Webber, B. L. & Nilsson, N. J.(Eds.). *Readings in Artificial Intelligence*(pp.334–348). Morgan Kaufmann.

Hart, P. E. et al.(1978). PROSPECTOR: a computer-based consultation system for mineral exploration. *Journal of the*

International Association for Mathematical Geology, 10(5), pp.589-610.

Hinton, G. E. et al.(2006). A fast learning algorithm for deep belief nets. *Neural Computation*, 18(7), pp.1527-1554.

Lindsay, R. K. et al.(1980). *Applications of Artificial Intelligence for Organic Chemistry: The Dendral Project.* New York: McGraw-Hill.

Mathews, M. V.(1969). *The Technology of Computer Music.* Cambridge, MA: MIT Press.

McCulloch, W. S. & Pitts, W.(1943). A logical calculus of the ideas immanent in nervous activity. *Bulletin of Mathematical Biophysics*, 5, pp.115-133.

Mozer, M. C.(1994). Neural network music composition by prediction: Exploring the benefits of psychophysical constraints and multiscale processing. *Connection Science*, 6(2-3), pp.247-280.

Rosenblatt, F.(1958). The perceptron: A probabilistic model for information storage and organization in the brain. *Psychological Review*, 65(6), pp.386-408.

Rumelhart, D. E. et al.(1986). Learning representations by back-propagating errors. *Nature*, 323(6088), pp.533-536.

Shortliffe, E. H.(1974). *MYCIN: A Rule-Based Computer Program for Advising Physicians Regarding Antimicrobial Therapy Selection*(Doctoral dissertation). Stanford University.

Weizenbaum, J.(1966). ELIZA-A computer program for the study of natural language communication between man and machine. *Communications of the ACM*, 9(1), pp.36-45.

02
AI의 역사 및 방법

AI가 개발되기 시작한 지 약 70여 년이 흘렀다. 그동안 AI는 환호와 실망의 시간을 교차하며 발전해 왔다. 특히 2010년대 중반부터 가능성이 점차 드러나기 시작하더니, 현재에 이르러 폭발적인 관심을 받으며 기술이 빠르게 확산되고 있다. AI 기술을 제대로 응용하려면 그 근간을 이해해야 한다. 이 장에서는 초기 AI 기술부터 최근 기술까지, AI가 어떻게 발전해 왔는지를 좀 더 세부적으로 살펴본다.

AI와 MBTI?

AI의 탄생(1950~1960년대)

1950년대는 AI가 태동한 시기다. 1956년 다트머스 회의(Dartmouth Conference)에서 AI라는 용어가 처음 사용되었으며, 존 매카시(John McCarthy)와 마빈 민스키 등 여러 연구자들이 AI 연구의 기틀을 마련했다. 이 시기의 연구는 주로 규칙 기반 시스템과 탐색 알고리즘(search algorithm)에 집중되었다. 대표적인 예로 체스 두는 AI가 개발되기도 했으나 당시의 컴퓨팅 성능 부족으로 인해 복잡한 문제를 해결하기에는 한계가 있었다. 1957년 앨런 뉴얼(Allen Newell)과 허버트 사이먼은 인간의 문제 해결 과정을 모방한 범용 문제 해결기(General Problem Solver, GPS) 개발을 시작했다(Newell & Simon, 1957). 이후 1961년에 GPS의 개념과 작동 방식을 설명하는 연구 논문을 발표했다(Newell & Simon, 1961). 그리고 1972년에는 인간의 문제 해결 과정 전반을 다룬 연구서를 출판해 인지과학과 AI 연구에 중요한 기여를 했다(Newell & Simon, 1972). 그러나 당시 컴퓨터의 속도와 저장 용량의 제한으로 인해 GPS는 실용적인 성과를 내는 데 한계가 있었다. 이때 주로 사용된 AI 프로그래밍 언어는 리스프로, 1958년 존 매카시가 개발했다. 리스프는 최초의 인공지능 프로그래밍 언어이자 함수형 프로그래밍 언어의 시조며, 현재까지도 전문가 시스템, 논리적 추론, 자연어 처리(Natural Language Processing, NLP) 등 다양한 분야에서 사용되고 있다.

이 시기에 컴퓨터 개발과 AI 연구에 큰 공헌을 한 튜링은 기계의 지능을 판단하는 방법으로 튜링 테스트를 제안했다(Turing, 1950). 튜링 테스트는 인간 심판이 한쪽은 사람이고 다른 한쪽은 기계인 두 참가자와 문자 기반으로 대화를 나눌 때 어느 쪽이 사람인지 구분할 수 없다면 그 기계는 인간과 유사한 지능을 지녔다고 간주하는 방법이다. 튜링 테스트는 오랫동안 기계 지능 평가의 기준으로 사용되어 왔다. 그러나 최근 등장한 챗GPT와 같은 인공지능 모델은 인간의 지능 수준에 근접하거나 일부 영역에서는 그 수준을 능가하는 성능을 보이고 있다. 많은 전문가는 향후 5년에서 10년 내에 인간의 지능을 뛰어넘는 범용 인공지능(Artificial General Intelligence, AGI) 시대가 도래할 것이라고 예상하며, 더 나아가 인간의 지능을 훨씬 초월하는 초인공지능(Artificial Super Intelligence, ASI) 시대가 다가올 것이라고 주장한다.

전문가 시스템과 신경망의 재발견 (1970~1980년대)

1950~1960년대까지 활발하게 진행된 AI 연구는 여러 가지 한계점을 노출하면서 1970년에 침체기에 접어들었다. 무엇보다 기대했던 것만큼의 성과가 나오지 않았고 기술적 난제를 해결하지 못해 한계를 돌파할 수 없었다. 1957년 야심 차게 시작된 GPS 개발은 비록 AI 연구에 많은 영감을 주었지만 AI 구현이 쉽지 않음을 절실히 보여 주었다. 어디에나 사용할 수 있는 범용 AI 개발이 매우 어려움을 깨달은 연구자들은 문제를 단순화해 특정 분야에서 동작하는 AI 개발로 눈길을 돌렸다. 이렇게 탄생한 것이 전문가 시스템(expert system)이다. 전문가 시스템은 특정 분야의 지식을 구축해 문제를 해결하는 시스템으로, 대표적인 예로 MYCIN(Shortliffe, 1976), DENDRAL(Buchanan & Feigenbaum, 1978), PROSPECTOR(Duda et al., 1976)가 있다. MYCIN은 의료 분야에서 세균 감염을 진단하고 항생제를 추천하는 시스템이었으며, DENDRAL은 화학 분야에서 분자 구조를 분석해 화합물의 구조를 예측하는 시스템이었다. PROSPECTOR는 지질학 전문가의 지식을 응용한 광물 탐사 시스템으로, 1978년 PROSPECTOR를 사용해 실제

로 몰리브데넘 광산을 발견하면서 전문가 시스템이 성공적으로 활용될 수 있음이 확인되었다. 이후 환경 분석, 우주 탐사 등 다른 분야로 전문가 시스템 개발이 이어졌다.

1970년대에는 인공신경망 연구가 활성화되지 못했다. 마빈 민스키와 시모어 패퍼트(Seymour Papert)가 1969년 저술한 책 『퍼셉트론(Perceptrons)』에서 단층 퍼셉트론은 배타적 논리합(exclusive or, XOR)과 같은 비선형 문제를 해결할 수 없음을 수학적으로 증명한 것이 주요 원인이었다. 이러한 인공신경망의 한계로 인해 많은 연구자가 인공신경망 연구를 외면했다. 그러나 1986년 데이비드 러멜하트, 제프리 힌턴, 로널드 윌리엄스(Ronald Williams)가 인공신경망 학습에 다층 퍼셉트론을 학습시킬 수 있게 하는 오류 역전파 알고리즘을 적용하면서 인공신경망 연구가 다시 활성화했다. 이러한 성공은 1980년대 2차 AI 부흥기를 가져왔다.

데이터 기반 AI와 기계학습의 발전 (1990~2000년대)

1980년대 주류를 이루었던 전문가 시스템으로 대변되는 규칙 기반 AI는 일정 부분 성공을 거두었지만, 다양한 문제점과 한계를 드러내기 시작했다. 전문가 시스템은 스스로 학습하는 것이 아니라 지식 공학자가 일일이 규칙을 관리해야 해서 규칙이 많아질수록 유지 보수가 어려워지고 큰 비용과 많은 시간이 소요되었다. 특히 현실 세계의 복잡한 문제들은 예외적인 상황이 많아, 이 모든 경우를 규칙으로 정의하기가 까다롭고 비효율적이었다. 또한 불확실한 데이터 처리에 취약해 확률적 의사결정을 필요로 하는 금융이나 질병 진단 등에서 성능이 저하되었다. 이러한 한계로 인해 규칙 기반 AI는 점차 쇠퇴하기 시작했다. 반면 1990년대 들어 인터넷과 데이터 저장 기술이 발전하면서 AI 연구의 초점은 점점 더 기계학습 기반으로 이동하기 시작했다.

기계학습은 데이터를 기반으로 스스로 패턴을 학습하고 모델의 성능을 개선할 수 있어 규칙 기반 시스템에 비해 유지 보수가 수월했다. 당시 크게 발전한 기계학습 기법으로는 의사결정나무(Decision Tree, DT)와 서포트 벡터 머신(Support Vector Machine, SVM)이 있다. 의사결정나무는 데이터를 조건에 따라 트리 형태로 분류하거나 회귀하는 알고리즘으로, 해석이 쉽고 직관적이라는 장점이 있다. 그러나 트리의 깊이가 깊어질수록 과적합(overfitting)이 발생하는 문제가 있어서 이를 해결하기 위해 여러 개의 트리를 조합하는 랜덤 포레스트

(random forest)와 같은 앙상블 기법이 개발되었다. 앙상블 기법은 모델 여러 개를 결합해 개별 모델보다 더 높은 예측 성능과 일반화 능력을 갖추도록 하는 기계학습 방법론이다.

서포트 벡터 머신은 초평면을 이용해 데이터를 분류하는 강력한 지도 학습 알고리즘으로, 고차원 데이터에서도 뛰어난 성능을 보였다(Cortes & Vapnik, 1995). 특히 선형적으로 분리되지 않는 데이터를 위해 커널 트릭(kernel trick)이 도입되어 이미지 인식, 텍스트 분류 등 다양한 분야에서 활용되었다. 그러나 이러한 기계학습 기법들은 대규모 데이터를 학습하는 데 시간이 오래 걸리며, 매우 복잡한 문제를 해결하는 데 한계가 있었다. 또 다른 기계학습 방법인 인공신경망도 1986년에 개발된 오류 역전파 알고리즘으로 다층 퍼셉트론을 학습할 수 있게 되어 다시 주목받았지만, 대규모 데이터를 학습하는 데 필요한 컴퓨팅 능력의 부족과 은닉층이 많은 깊은 인공신경망에서의 학습 문제로 크게 각광받지는 못했다. 인공신경망의 은닉층이 많아지면 대규모 데이터를 학습할 수 있어 복잡한 문제를 해결할 수 있었으나, 오류 역전파 알고리즘으로 은닉층이 많은 인공신경망이 제대로 학습되지 않는 문제가 있었다. 이는 오류 역전파 학습 알고리즘의 한계로, 출력층에서 계산된 오류가 역으로 입력층 쪽으로 전파되면서 가중치를 갱신할 때 기울기가 입력층 쪽으로 갈수록 점점 작아져 소멸하는 기울기 소멸 문제다. 결국 복잡한 문제를 해결하기 위해 은닉층을 늘려서 학습하더라도 입력층 쪽의 은닉층들이 제대로 학습되지 않아 은닉층을 늘린 효과가 나타나지 않았고, 복잡한 문제에서 원하는 성능을 얻지 못했다. 이 문제는 상당 기간 해결되지 않았는데, 2006년 힌턴의 논문으로 비로소 해결의 실마리가 보였고, 2010년부터 본격적인 해결 방법이 도입되면서 AI 3차 부흥기가 도래했다(Hinton et al., 2006).

데이터 기반 AI와 기계학습의 도약 (2000~2010년대)

2000년대 초반 AI 연구는 여전히 규칙 기반 전문가 시스템과 통계적 기계학습 기법을 중심으로 발전했다. 전문가 시스템은 특정 분야에서 여전히 유용했지만, 데이터가 많아질수록 규칙을 관리하고 유지 보수하는 데 어려움이 커지면서 한계를 드러냈다. 이에 따라 점차 기계학습 중심의 접근 방식으로 전환되기 시작했다. 레오 브라이먼(Leo Breiman)은 여러 개의 의사결정나무를 결합해 예측 성능을 향상하는 앙상블 학습 방법인 랜덤 포레스트를 제안했다(Breiman, 2001). 이 기법은 각 트리를 서로 다른 샘플 데이터와 특성을 이용해 독립적으로 학습시킨 후 최종 예측을 다수결 투표 또는 평균을 통해 결정함으로써 과적합을 방지하고 일반화 성능을 개선하는 방법으로, 최근까지도 많은 분야에서 사용된다. 2000년대 중반에는 아다부스트(AdaBoost)와 그레이디언트 부스팅(Gradient Boosting) 등의 부스팅(boosting) 기법이 발전하면서 정확도를 높이고 일반화를 향상하는 방법이 개발되었다(Freund & Schapire, 1997; Friedman, 2001). 부스팅 기법이란 여러 개의 약한 학습기를 순차적으로 학습시키면서 오차를 보완하는 방법으로, 앙상블 기법 중 하나다. 랜덤 포레스트는 약한 학습기를 병렬로 독립적으로 학습시키는 반면, 부스팅 기법은 직렬로 종속적으로 학습시킨다.

1995년 코리나 코르테스(Corinna Cortes)와 블라디미르 바프닉(Vladimir Vapnik)이 개발한 서포트 벡터 머신은 이미지 인식, 생물정보학, 텍스트 분류 등 다양한 분야에서 활발히 응용되며 2000년대 초반까지 기계학습 분야에서 강력한 지도 학습 방법으로 자리 잡았다(Cortes & Vapnik, 1995). 그러나 데이터 양이 증가하고 인공신경망 기반 모델이 발전하면서 서서히 딥러닝으로 대체되기 시작했다. 이 시기 인공신경망 관련 대표적 연구로는 2006년 힌턴이 발표한 심층 신뢰 신경망(Deep Belief Networks, DBN)과 제한 볼츠만 머신(Restricted Boltzmann Machine, RBM)을 활용한 사전 학습 기법 연구가 있다(Hinton et al., 2006). 이 연구는 그동안 복잡한 문제를 해결하기 위한 은닉층이 많은 대규모 인공신경망 학습에 문제가 되었던 기울기 소멸 문제를 해결할 실마리를 제시했다. 비록 이 연구에서 제안한 방법이 현재 딥러닝에서 많이 사용되지는 않지만, 은닉층이 많은 깊은 인공신경망도 학습할 수 있다는 가능성을 보여 줌으로써 딥러닝 기법 개발의 씨앗이 되었다.

딥러닝 혁명(2010년대~현재)

AI 역사에서 2010년대는 AI 혁명의 단초를 제공한 매우 중요한 시기다. 이러한 혁명의 시작을 알리는 신호탄과 같은 사건이 2012년 제프리 힌턴 연구팀에서 발생했다. 2012년 힌턴 연구팀은 알렉스넷(AlexNet)이라는 합성곱 신경망(Convolutional Neural Network, CNN) 모델로 이미지넷 대회(Imagenet Large Scale Visual Recognition Challenge, ILSVRC)에 출전해 압도적인 성능으로 1등을 한다. 이는 2011년 성능보다 무려 10퍼센트 이상 낮은 오류율을 기록하며 기존의 전통적 기계학습 기법을 압도하는 결과를 보여 주었다. 알렉스넷은 ReLU(Rectified Linear Unit)라는 활성화 함수와 과적합을 완화하는 드롭아웃(dropout) 기법을 사용해 대량의 데이터를 GPU로 학습시킨 인공신경망으로, 딥러닝의 가능성을 AI 학계에 확인시켜 주었다. 이 사건을 계기로 딥러닝 방법은 컴퓨터 비전 분야뿐 아니라 자연어 처리, 음성인식, 의료영상 분석 등 다양한 산업으로 빠르게 확산했다. 이후 2014년 VGGNet과 GoogLeNet, 2015년 ResNet과 같이 더 깊고 강력한 합성곱 신경망 모델이 등장해 성능을 높였다. ResNet이 보여 준 성능은 인간의 인식 능력을 뛰어넘는 수준으로, 딥러닝 모델이 인간의 능력을 뛰어넘을 수 있다는 것을 입증했다. 이는 그 이후로 여러 분야에서 많은 모델이 인간의 능력을 능가하는 성과를 내는 데 출발점이 되었다. 이를 계기로 딥러닝은 기계학습과 AI 학계의 주류가 되어 수많은 후속 연구가 이루어졌다.

딥러닝이 인간보다 뛰어난 성능을 보이며 AI 학계에서 주류가 된 가장 큰 요인은 2000년대 인공신경망 연구에서 큰 문제였던 기울기 소멸 문제를 해결하고 과적합을 완화해 모델의 일반화 능력을 향상한 데 있다. 딥러닝 발전에 중요한 역할을 한 알렉스넷에서는 활성화 함수 ReLU를 사용해 기울기 소멸 문제를 완화했고, 드롭아웃 기법을 도입해 과적합을 크게 줄였다. 이전에 주로 사용되던 시그모이드(sigmoid)나 하이퍼볼릭 탄젠트(tanh) 활성화 함수는 출력 범위가 각각 (0, 1)과 (-1, 1)로 제한되어 역전파 과정에서 기울기 소멸 현상이 발생하기 쉬웠다. 반면 ReLU는 입력이 0 이하일 때는 0을 출력하고, 0 초과일 때는 입력값을 그대로 출력해 출력 범위에 제한이 없어 기울기 소멸 현상을 완화한다.

드롭아웃 기법은 학습 시 무작위로 일부 뉴런을 비활성화해 특정 뉴런에 대한 의존도를 줄임으로써 과적합을 방지하고 모델의 일반화 능력을 향상한다. 이는 다양한 서브 네트워크를 학습하도록 유도해 앙상블과 유사한 효과를 낸다. ResNet에 도입된 잔차 연결(residual connection, 또는 스킵 연결)은 특정 층의 출력을 몇 개의 층을 건너뛰어 이후의 층과 더해 주는 방식으로, 역전파 시 기울기 소멸 문제를 완화해 학습을 원활하게 한다. 이를 통해 매우 깊은 신경망에서도 기울기가 잘 보존되어 모든 층이 효과적으로 학습될 수 있다.

알렉스넷이 이미지 분류 분야에서 혁신을 일으켰다면, 이미지 생성 분야에서는 새로운 혁신적 방법이 등장했다. 2010년 중반, 이미지 생성에 특화된 변분 오토인코더(Variational Auto Encoder, VAE)와 생성적 적대 신경망이 개발되어 이미지 합성, 스타일 변환, 초해상도 복원, 데이터 증강 등 다양한 영역에 적용되었다. 또한 2020년대 초반에 본격적으로 등장한 딥러닝 기반 확산 모델은 여러 장점 덕에 이미지 생성 분야의 새로운 강자로 자리매김했다. 이미지 생성에 이어 자연어 처리에 기반한 텍스트 생성 분야에서도 2010년대 후반 트랜스포머(transformer) 모델의 개발을 기점으로 폭발적인 발전이 이루어졌다. 현재 전 세계적으로 주목받는 챗GPT는 인간 수준의 대화가 가능하며, 심지어 간단한 프로그래밍 코드 작성도 수행한다. 여기에 이미지, 음성 등 멀티모달 기능이 추가되어 인간과 다양한 수준의 상호작용이 가능해졌다. 이러한 발전은 생성 AI 기술의 폭발적 확산을 가져와 사회의 많은 영역에서 서비스되고 있다.

참고문헌

Breiman, L.(2001). Random forests. *Machine Learning*, 45(1), pp.5-32.

Buchanan, B. G. & Feigenbaum, E. A.(1978). DENDRAL and Meta-DENDRAL: Their applications dimension. *Artificial Intelligence*, 11(1-2), pp.5-24.

Cortes, C. & Vapnik, V.(1995). Support-vector networks. *Machine Learning*, 20(3), pp.273-297.

Duda, R. O. et al.(1976). Subjective Bayesian methods for rule-based inference systems. *Proceedings of the National Academy of Sciences*, 73(11), pp.4134-4138.

Freund, Y. & Schapire, R. E.(1997). A decision-theoretic generalization of on-line learning and an application to boosting. *Journal of Computer and System Sciences*, 55(1), pp.119-139.

Friedman, J. H.(2001). Greedy function approximation: A gradient boosting machine. *Annals of Statistics*, 29(5), pp.1189-1232.

Goodfellow, I. et al.(2014). Generative adversarial networks. *Proceedings of Advances in Neural Information Processing Systems(NeurIPS)*, 27.

He, K. et al.(2015). Deep residual learning for image recognition. *Proceedings of the IEEE Conference on Computer Vision and Pattern Recognition(CVPR)*, pp.770-778.

Hinton, G. E. et al.(2006). A fast learning algorithm for deep belief nets. *Neural Computation*, 18(7), pp.1527-1554.

Ho, J. et al.(2020). Denoising diffusion probabilistic models. *Proceedings of Advances in Neural Information Processing Systems(NeurIPS)*, 33, pp.6840-6851.

Kingma, D. P. & Welling, M.(2013). Auto-encoding variational Bayes. arXiv preprint. arXiv:1312.6114.

Krizhevsky, A. et al.(2012). Imagenet classification with deep convolutional neural networks. *Advances in Neural Information Processing Systems(NeurIPS)*, 25.

McCarthy, J. et al.(1955). A proposal for the Dartmouth summer

research project on artificial intelligence.
Minsky, M. & Papert, S.(1969). *Perceptrons: An introduction to Computational Geometry*. MIT Press.
Newell, A. & Simon, H. A.(1957). Heuristic problem solving: The next advance in operations research. *Operations Research*, 6(1), pp.1–10.
Newell, A. & Simon, H. A.(1961). GPS, a program that simulates human thought. *Proceedings of the Western Joint Computer Conference(WJCC)*, pp.279–293.
Newell, A. & Simon, H. A.(1972). *Human Problem Solving*. Prentice–Hall.
Rumelhart, D. E. et al.(1986). Learning representations by back–propagating errors. *Nature*, 323(6088), pp.533–536.
Shortliffe, E. H.(1976). *Computer–Based Medical Consultations: MYCIN*. New York: Elsevier.
Turing, A. M.(1950). Computing machinery and intelligence. *Mind*, 59(236), pp.433–460.
Vaswani, A. et al.(2017). Attention is all you need. *Proceedings of Advances in Neural Information Processing Systems(NeurIPS)*, 30.

03
생성 AI의 등장

2010년대 중반, 딥러닝 기법을 활용한 이미지 생성 AI 기술이 등장했다. 이후 이 기술은 급격히 발전해 최근에는 동영상 생성 기술로까지 확장되었다. 또한 2010년대 후반에는 자연어 생성 AI 기술이 개발되어, 현재 전 세계적으로 큰 인기를 끌고 있는 챗GPT와 같은 대화형 서비스가 보편화했다. 이 장에서는 이러한 생성 AI 기술에 대해 자세히 살펴본다.

AI와 난임 극복?

생성 AI란 무엇인가

생성 AI(Generative AI, Gen AI)는 새로운 콘텐츠를 생성하는 인공지능 기술을 의미한다. 초기의 AI 연구는 생성보다는 분류 문제 해결에 집중했다. 예를 들어 이미지 인식 분야에서 널리 사용되는 MNIST 데이터셋은 손으로 쓴 숫자를 컴퓨터가 인식하는 데 사용된다. 이 데이터셋은 미국 국립표준기술연구소(National Institute of Standards and Technology, NIST)가 우편 업무 자동화를 위해 개발한 데이터를 기반으로 얀 르쿵(Yann LeCun) 등이 개량해 만들었다. MNIST 데이터셋은 0부터 9까지의 손글씨 숫자 이미지로 구성되어 있으며, 딥러닝 및 머신러닝 모델의 성능 평가를 위한 대표적인 벤치마크 데이터셋으로 사용된다. 이러한 이미지 분류 문제에서 각 이미지를 분석해 해당 숫자를 판별하는 AI를 판별 AI(Discriminative AI)라고 부른다.

반면 생성 AI는 손글씨, 동물, 사물 등의 이미지를 생성하는 AI를 의미한다. 분류 AI보다 복잡한 문제를 다루며, 합성곱 신경망과 같은 분류 딥러닝 기법보다 늦게 개발되었다. 생성 AI는 분류 AI보다 활용 범위가 넓고, 더 복잡한 작업을 수행할 수 있다. 예를 들어 주어진 사진을 특정 화가의 화풍으로 변환할 수 있는데, 이는 특정 화풍을 보고 화가를 식별하는 것보다 어려운 작업이다. 더 나아가 생성 AI는 이전에 존재하지 않던 새로운 화풍의 그림을 창작할 수도 있다. 또한 특정 주제를 기반으로 문장을 작성할 수 있는데, 이는 주어진 문장의 주제를 분류하는 것보다 복잡한 작업이다. 생성 AI는 이처럼 새로운 이미지를 생성하고 특정 주제에 대한 문장을 작성하는 등 다양한 콘텐츠를 만들어 낼 수 있다. 더 나아가 이러한 다양한 모달리티를 융합해 새로운 콘텐츠를 생성하는 것도 가능하다. 예를 들어 텍스트 설명을 기반으로 이미지를 생성하거나 이미지를 입력하면 해당 이미지를 설명할 수 있다. 최근에는 텍스트를 기반으로 동영상이나 음성을 생성하는 기술도 발전하고 있다. 이제 이러한 생성 AI에 대해 자세히 살펴보자.

이미지 생성 AI

딥러닝을 이용한 이미지 생성 AI는 2014년 이언 굿펠로(Ian Goodfellow)가 발표한 생성적 적대 신경망에서 출발했다(Goodfellow et al., 2014). 이 방법에서는 생성자(generator)와 판별자(discriminator)로 불리는 두 인공 신경망이 경쟁적으로 학습해 새로운 이미지를 만든다. 생성자는 잠재 공간(latent space)에 해당하는 랜덤 노이즈를 입력받아 실제와 유사한 샘플을 만들고, 판별자는 생성자가 생성한 샘플과 실제 데이터를 구별해 생성자가 실제 데이터와 유사한 데이터를 만들도록 한다. 두 네트워크가 경쟁적으로 학습하는 이러한 학습 방법은 적대적 학습(adversarial training)이라고 불린다. 생성적 적대 신경망에서 발생하는 가장 큰 문제는 생성자와 판별자가 경쟁적으로 학습되다 보니 학습 안정성이 크게 떨어진다는 것이다. 그래서 모델 구조와 하이퍼파라미터가 잘 선정되지 않으면 학습 자체가 되지 않을 수 있다. 또 다른 단점으로는 생성하는 이미지가 다양하게 생성되지 않고 특정 학습 데이터만 주로 학습하는 모드 붕괴(mode collapse) 현상이 자주 발생한다는 점이다. 모드 붕괴 현상은 예를 들어 0부터 9까지 손글씨를 학습하는 MNIST 학습 데이터에서 0이나 8 등의 일부 데이터만 생성하도록 학습되는 경우를 말한다. 이러한 학습 불안정성과 모드 붕괴 문제를 해결하기 위해 다양한 방법이 고안되었으나, 현재까지도 이 두 문제를 완벽하게 해결한 방법이 없어서 생성적 적대 신경망의 응용이 제한되고 있다. 생성적 적대 신경망은 소개된 뒤로 딥페이크(deepfake), 예술 창작, 이미지 복원, 데이터 증강, 게임 및 시뮬레이션 분야에 폭넓게 활용되며 이미지 생성 AI

의 핵심 기술로 현재까지 사용되고 있다.

이미지 생성 기술에는 생성적 적대 신경망 외에도 변분 오토인코더와 확산 모델이 있다. 변분 오토인코더는 디데릭 킹마(Diederik Kingma)와 맥스 웰링(Max Welling)이 오토인코더(autoencoder)를 확장해 제안한 확률 기반 생성 모델로, 잠재 공간을 학습해 새로운 데이터를 생성한다(Kingma & Welling, 2013). 변분 오토인코더는 데이터의 분포를 확률적으로 모델링해 이미지 생성뿐 아니라 음성 및 텍스트 생성 등에도 활용된다. 그러나 블러(blur) 현상이 발생해 생성적 적대 신경망에 비해 생성된 이미지의 품질이 상대적으로 낮다는 단점이 있다. 그렇지만 잠재 공간을 수학적으로 명확히 정의해 조작할 수 있어 최근에도 여러 분야에서 많이 사용되고 있다. 생성 AI 모델 중에서 최근 생성적 적대 신경망과 변분 오토인코더보다 더 주목받는 모델은 확산 모델이다. 2020년에 조너선 호(Jonathan Ho), 아제이 자인(Ajay Jain), 피터 아빌(Peter Abbeel)이 제안한 잡음 제거 확산 확률 모델(Denoising Diffusion Probabilistic Model, DDPM)은 이미지에 점진적으로 잡음을 추가한 후 이를 역으로 제거하는 과정을 통해 이미지를 생성하는 방법으로(Ho et al., 2020), 2015년 논문(Sohl-Dickstein et al., 2015)의 방법을 개선하고 딥러닝을 적용해 발전시킨 방법이다. 이후 스테이블 디퓨전, 달리 2, 이마젠(Imagen) 등의 모델에서 활용되어 현대적 확산 모델의 기반을 마련했다. 확산 모델은 생성적 적대 신경망보다 학습이 안정적이고, 변분 오토인코더보다 생성 이미지 품질이 좋아 현재 널리 사용되고 있다. 그러나 확산 모델에도 단점이 있는데, 생성적 적대 신경망이나 변분 오토인코더와 달리 이미지 생성을 한 번에 하는 것이 아니라 여러 번의 잡음 제거 과정이 필요하다는 점이다. DDPM은 일반적으로 1000번의 잡음 제거 과정이 필요한데, 최근에는 이러한 반복을 줄이는 방법들이 고안되고 있다. 최근 확산 모델은 학습 안정성과 고품질 이미지 생성에 힘입어 다양한 분야에서 활용되고 있다. 그러한 적용 분야 중에서 최근에 각광받는 것은 동영상 생성으로, 오픈AI가 개발한 소라 모델은 텍스트를 입력받아 실제와 같은 동영상을 생성할 수 있다.

오디오 생성 AI

딥러닝을 이용한 오디오 생성 AI는 2016년 딥마인드가 발표한 웨이브넷(WaveNet) 모델에서 시작되었다. 웨이브넷은 합성곱 신경망을 활용해 고품질의 음성을 생성하는 모델로, 기존 음성 합성 기법보다 훨씬 자연스러운 목소리를 생성할 수 있다. 이 모델은 사람이 실제로 말하는 방식과 유사한 음성 파형을 학습해 음성 합성(text-to-speech, TTS)뿐 아니라 음악 생성 및 오디오 복원 등 다양한 응용 분야에 활용되었다. 웨이브넷의 등장은 오디오 생성 AI의 발전을 촉진했으며, 이후 생성적 적대 신경망 기반 오디오 생성 모델도 연구되기 시작했다. 예를 들어 웨이브GAN(WaveGAN)은 생성적 적대 신경망을 활용해 음성을 생성하는 모델로, 기존 파형 모델보다 더 다양한 오디오 데이터를 생성할 수 있도록 설계되었다. 오디오 생성 기술에는 생성적 적대 신경망 외에도 변분 오토인코더와 확산 모델이 활용된다. 변분 오토인코더는 데이터의 분포를 확률적으로 모델링하므로 음성, 음악, 환경 소음 등 다양한 오디오 데이터를 생성하는 데 사용된다.

최근에는 확산 모델이 오디오 생성에도 활용되어 더욱 정밀한 음성 합성 및 음악 생성이 가능해졌다. 확산 모델은 노이즈를 점진적으로 제거하면서 고품질의 오디오 데이터를 생성하는 방식으로, 이미지 생성 분야에서 사용된 스테이블 디퓨전과 유사한 기법이 오디오에도 적용되고 있다. 특히 메타의 오디오젠(AudioGen)이나 구글의 뮤직LM(MusicLM)과 같은 모델들은 텍스트를 입력하면 해당하는 음악이나 사운드를 생성할 수 있도록 설계되었다. 이처럼 오디오 생성 AI는 음성 합성, 음악 생성, 환경음 시뮬레이션, 오디오 복원 등 다양한 분야에서 활용되고 있으며, 현재까지도 지속적으로 발전하고 있다.

텍스트 생성 AI

텍스트 생성 AI는 이미지·동영상 생성 모델보다 더 혁명적인 변화를 가져왔으며, 그 단초를 제공한 것이 트랜스포머 모델이다. 2017년 아시시 바스와니(Ashish Vaswani) 등이 "집중이 당신에게 필요한 전부다(Attention is All You Need)"(Vaswani et al., 2017)라는 논문에서 발표한 트랜스포머 모델은 생성 AI가 또 다른 획기적인 발전을 이룰 수 있게 했다. 이 논문에서 저자들은 자기 집중(self-attention)을 통해 입력된 문장의 긴 문맥을 효과적으로 처리하고, 위치 인코딩(position encoding)을 통해 시간적 의존성을 제거해 생성 AI가 병렬로 빠르게 학습할 수 있도록 했다. 이러한 트랜스포머 모델의 두 가지 장점은 자연어 처리의 학습 효율을 극대화해 대규모 학습 데이터를 학습할 수 있도록 했다. 결국 트랜스포머 모델은 기존에 자연어 처리에 주로 사용되던 장단기 메모리(Long Short-Term Memory, LSTM)의 한계를 극복해 자연어 처리의 핵심 모델로 자리 잡았다. 이후 트랜스포머 모델은 BERT(Bidirectional Encoder Representations from Transformers)와 GPT(Generative Pretrained Transformers) 모델의 기반 구조로 사용되었다.

BERT는 트랜스포머의 인코더를 사용해 문장을 임베딩하고, 임베딩 벡터를 이용해 문장 분류나 유사도 분석 같은 자연어 이해(natural language understanding) 작업에 활용되었다. 한편 GPT는 트랜스포머의 디코더를 사용해 텍스트를 요약하거나, 프로그램 코드나 콘텐츠를 생성하는 등 자연어 생성(natural language generation)에 사용되었다. GPT는 코퍼스(corpus)라고 불리는 대규모 자연어 학습 데이터셋을 이용해 문장에서 다음 단어를 예측하는 방식으로 학습되었다. 이는 일종의 자기 지도 학습(self-supervised learning)으로, 일일이 정답을 만들지 않아도 되어 대규모 학습에 적합했다. 이렇게 사전 학습된 GPT는 목적에 따라 미세 조정을 하게 되는데, 대화를 목적으로 미세 조정된 모델이 바로 챗GPT다.

사전 학습된 GPT는 대규모 문장을 학습해 문장의 구

성과 의미를 파악했지만, 학습 방식이 다음 단어를 예측하는 것이었기에 기본적으로는 다음 단어를 예측하는 일만 수행할 수 있었다. 따라서 GPT를 코드 생성이나 대화 생성 등 특화된 작업에 활용하기 위해서는 미세 조정이 필요했다. 챗GPT 개발에서 사용한 미세 조정 방법은 세 가지 단계로 구성된다. 첫 번째 단계는 지도 학습으로, 사람이 작성한 대화 데이터를 사용해 모델이 적절한 응답을 생성하도록 학습시켰다. 두 번째 단계는 보상 모델(Reward Model, RM)을 구축하는 과정으로, 여러 AI 응답 중 더 나은 응답을 선택하는 방식으로 학습시켰다. 마지막 단계에서는 강화 학습을 적용해 보상 모델을 기반으로 모델이 더 자연스럽고 유용한 답변을 생성하도록 GPT를 최적화했다. 이러한 강화 학습 방법을 RLHF(Reinforcement Learning from Human Feedback)라고 한다. 이러한 3단계 학습 과정을 통해 챗GPT는 인간의 대화를 이해하고, 자연스럽고 일관된 응답을 생성할 수 있는 능력을 갖추게 되었다.

챗GPT-1은 2018년에 개발된 모델로 파라미터 수가 1억 1700만 개에 불과했다. 여기서 파라미터는 인공신경망 가중치 개수로, 이는 인간 뇌에서 뉴런과 뉴런을 연결하는 시냅스와 같은 학습 용량에 해당한다. 그러므로 파라미터가 많을수록 더 많은 지식을 저장할 수 있다. 챗GPT-1은 파라미터 개수가 충분하지 않아 문장을 이해하는 능력이 제한적이었다. 이어 2019년에 발표된 챗GPT-2는 파라미터 수가 15억 개로, 챗GPT-1보다 대략 10배 늘어 성능 향상이 크지 않았다. 그러나 2020년 개발된 모델인 챗GPT-3는 파라미터 수가 1750억 개로, 챗GPT-2보다 파라미터 개수가 대략 100배 증가했다. 이렇게 대규모로 증가된 파라미터 덕에 챗GPT-3는 챗GPT-1과 챗GPT-2에서는 드물게 관찰되었던 기능이 명확히 드러났다. 그 기능이란 맥락 학습(In-Context Learning)으로, 질문에 제시된 정보를 파악해 답변할 수 있는 능력이었다. 즉 챗GPT-3은 질문을 입력할 때 정보를 제공하면 이를 학습해 학습 데이터에 없는 지식에 대해서도 작업을 수행할 수 있었다. 이는 인공신경망의 가중치를 최적화해 학습 데이터에 있는 지식을 학습하는 기존 방법을 뛰어넘는 새로운 방법으로, 인공지능 연구자들을 놀라게 했다. 질문에 새로운 정보를 제공하는 방법으로는 원샷 학습(one-shot learning), 투샷 학습(two-shot learning)이 있는데, 이는 새로운 정보로 하나 혹은 두 개의 예제를 제공하는 방식이다. 심지어 제로샷 학습(zero-shot learning)은 예제를 주지 않아도 설명만으로 기존에 학습되지 않은 작업을 수행할 수 있었다. 물론 모든 제로샷 학습이 성공하는 것은 아니며, 예제를 많이 줄수록 챗GPT가 더 정확하게 작업을 수행했다.

맥락 학습을 활용해 대규모 언어 모델의 답변을 최적화하고 원하는 방향으로 유도하는 기술을 프롬프트 엔지니어링(prompt engineering)이라 한다. 이는 단순히 질문을 입력하는 것이 아니라 모델이 더 효과적으로 이해하고 응답할 수 있도록 프롬프트를 구조화하고 구체적인 지시 사항을 포함하는 과정을 의미한다. 예를 들어 챗GPT에게 "프롬프트 엔지니어링이 무엇인지 설명해 줘"라고 입력하면 일반적인 개념을 설명한다. 하지만 "초보자가 이해하기 쉽게, 예를 들어 가며 프롬프트 엔지니어링을 설명해 줘"라고 입력하면 더욱 쉬운 언어와 예시를 포함한 설명을 제공할 가능성이 높아진다. 프롬프트 엔지니어링에서 권고되는 대표적 기법으로는 위의 예에서 설명한 명확한 지시 제공 기법 외에도 역할 부여, 예시 제공, 제약 조건 설정, 단계별 지시, 연쇄적 사고 등이 있다. "역할 부여"는 대규모 언어 모델이 특정 역할을 맡도록 지시해 특정 분야의 전문가처럼 답변하게 하는 기법이다. 즉 "마케팅 전략을 알려 줘"라고 요청하기보다는 "당신은 최고의 마케팅 전문가입니다. 스타트업이

성장할 수 있는 효과적인 디지털 마케팅 전략을 세 가지 제안해 주세요"라고 요청하는 기법이다. "예시 제공"은 요청 시 원하는 작업을 예를 통해 제시해 더욱 정확한 답변을 유도하는 방법이다. 예를 들어 "고양이로 삼행시를 만들어 줘"라고 하는 것보다는 "고양이로 삼행시를 만들면 다음과 같아. '고: 고양이가 양: 양말을 입에 물고 이: 이불 속으로 들어갔다.' 이제 원숭이로 삼행시를 만들어 줘"라고 입력하는 것이 더 효과적이다. "제약 조건 설정" 기법은 사용자가 원하는 답변에 대한 제약을 명확히 제시하는 방법이다. "AI의 미래를 설명해 줘"라고 하는 것보다는 "AI의 미래를 설명해 줘. 단, 100자 이내로 요약해 줘"라고 하면 사용자가 제시한 조건에 맞춘 답변을 얻을 수 있다. "단계별 지시"는 복잡한 문제를 요청할 때 대규모 언어 모델이 단계별로 해결하도록 유도하는 기법이다. 예를 들어 "2x+5=15를 풀어 줘"보다는 "2x+5=15를 풀어 줘. 다음 단계를 따라 해결해 봐. 1) 먼저 x에 대해 식을 정리해. 2) 숫자를 이항해 단순화해. 3) 최종적으로 x를 계산해"라고 요청하는 방법이다. 복잡한 문제에서는 전체 문제를 한 번에 해결하라고 하면 대규모 언어 모델이 틀린 답변을 할 가능성이 있다. 이런 경우 위와 같이 단계별 해결 방법을 알려 주면 대규모 언어 모델이 단계별로 접근해 올바른 답변을 내놓을 수 있다. "연쇄적 사고(Chain Of Thought, COT)" 기법은 대규모 언어 모델이 답을 도출하는 과정에서 논리적 사고 과정을 단계적으로 설명하면서 답을 생성하도록 하는 기법이다. 예를 들어 "세 명의 친구가 각각 사과 네 개를 갖고 있을 때 총 사과의 개수는?"이라고 질문하는 데 그치지 않고 "이 문제를 해결하는 논리적 과정을 단계별로 설명해 줘"라고 추가 요청하는 것이 더 효과적이다. 이렇게 질문하면 대규모 언어 모델은 단계별로 문제를 해결하는 과정을 포함해 답변을 한다. 결국 단계별 지시는 사용자가 단계를 제시하고 대규모 언어 모델이 그 단계를 따라 수행하게 하는 것이고, 연쇄적 사고는 대규모 언어 모델이 스스로 논리적 단계를 구성해 해결하게 하는 것이다.

프롬프트 엔지니어링은 대규모 언어 모델이 이미 학습된 데이터에 기반해 사용자가 원하는 답변을 하도록 하는 기술이다. 그러나 사용자가 학습하지 않은 내용에 대해 질문하면, 대규모 언어 모델이 "그 질문에 대한 내용은 모릅니다"라고 답변하지 않고 학습 데이터에 없는 정보를 마치 사실인 것처럼 생성해 제공하는 현상이 발생한다. 이러한 현상을 환각(hallucination)이라고 한다. 환각 현상은 사실과 다르기 때문에 정확한 정보를 제공하는 시스템에서는 제거해야 한다. 일반적으로 환각은 학습하지 않은 내용에 대한 질문에서 발생하지만, 학습이 불완전하거나 충분하지 않게 이루어졌을 경우 학습한 내용에서도 발생할 수 있다. 환각을 줄이는 기법으로 가장 많이 사용되는 방법이 검색 증강 생성(Retrieval-Augmented Generation, RAG) 기법이다. 검색 증강 생성은 학습되지 않은 정보나 더 명확한 정보를 대규모 언어 모델에 문맥 학습 형태로 추가 제공해 환각을 크게 줄이는 기술이다. 이를 위해 학습되지 않은 정보나 이미 학습되었다고 하더라도 더 세부적인 정보를 추출해 질문과 함께 대규모 언어 모델에 제공한다. 그러면 모델은 이러한 정보로 문맥 학습을 해 환각을 줄이고 더 정확한 답변을 할 수 있다.

이러한 검색 증강 생성 기능을 제공하려면 대규모 언어 모델에 학습되지 않은 정보나 학습된 정보보다 더 세부적인 정보를 제공하는 대규모 데이터베이스를 구축해야 한다. 또한 질문이 들어올 때마다 대규모 데이터베이스에서 질문과 관련된 정보만을 추출해 질문과 함께 대규모 언어 모델에 제공해야 한다. 이를 위해 대규모 텍스트 데이터베이스를 청크(텍스트 정보를 일정 크기로 자른 것)로 나누어 문장 단위 임베딩 모델로 임베딩한 후,

임베딩 벡터를 저장하는 벡터 데이터베이스를 구축해야 한다. 이를 통해 사용자의 질문을 임베딩한 벡터와 벡터 데이터베이스에 저장된 청크 단위 문장의 벡터를 비교해 유사도를 계산하고, 사용자 질문과 관련된 유사한 청크를 추출해 대규모 언어 모델에 제공할 수 있다. 이러한 검색은 문장의 의미에 기반한 검색으로, '시맨틱 검색(semantic retrieval)' 혹은 '밀집 검색(dense retrieval)'이라고 한다. 한편 예전부터 사용된 단어 수준의 키워드 중심 검색은 '키워드 검색(keyword retrieval)' 혹은 '스파스 검색(sparse retrieval)'이라고 하는데, 밀집 검색의 정확도가 낮은 경우 스파스 검색을 함께 이용해 유사도가 높은 청크를 추출하기도 한다. 이렇게 추출된 청크는 질문과 유사한 정보를 담은 텍스트로, 대규모 언어 모델에 질문과 함께 제공되어 환각 현상이 없는 답변을 가능하게 한다. 그러나 새로운 창의적 아이디어를 위한 시스템이나 예술적 창의성 측면에서는 환각이 크게 문제가 되지 않거나, 어떤 경우에는 도움이 될 수도 있다.

챗GPT-3 이후 챗GPT 모델은 챗GPT-3.5를 거쳐 2023년 챗GPT-4가 개발되었고, 2024년에는 챗GPT-4o가 서비스되고 있다. 챗GPT-4는 챗GPT-3.5에 비해 더 긴 입력 텍스트를 한 번에 받아들일 수 있도록 발전했으며, 챗GPT-4o는 텍스트뿐 아니라 이미지, 음성까지 이해하도록 확장되었다. 이를 통해 사용자는 챗GPT-4o에 이미지를 제공하고 그 이미지에 포함된 정보에 대해 질문하거나, 음성으로 질문하고 음성으로 답변을 들을 수 있게 되었다. 그러나 지금까지 성능 향상을 위해 적용해 온 스케일 법칙, 즉 더 많은 학습 데이터를 더 큰 용량의 모델에 학습시켜 성능을 향상하는 방법이 앞으로도 계속 가능할지에 대한 회의적인 시각도 존재한다. 더는 학습 데이터를 늘리기 어렵고, 더 많은 학습 데이터를 학습시킨다고 해서 성능이 향상되지는 않을 것이라는 주장이다. 그러나 이러한 주장은 아직 최종적으로 확인되지 않았으며, 일부 전문가들은 여전히 스케일 법칙이 유효하다고 보고 있다. 최근에는 학습 데이터나 모델 용량을 늘려 성능을 높이려는 시도보다는 답변 시 추론을 강화해 답변의 질을 높이려는 시도가 많아지고 있다. 이러한 측면에서 다수의 에이전트가 협력해 추론하는 에이전트 모델이 주목받고 있다. 많은 전문가는 이러한 추세가 지속된다면 5년 내에 인간의 지능을 뛰어넘는 범용 인공지능 구현이 가능할 것으로 전망하고 있다.

챗GPT 모델의 근간이 된 트랜스포머는 그 유용성이 확인된 후 빠르게 다른 영역으로 전파되었다. 트랜스포머를 이미지 처리에 응용한 비전 트랜스포머(Vision Transformer, ViT) 기법이 개발되어 많은 영역에서 이미지 처리 모델의 최강자였던 합성곱 신경망의 성능을 뛰어넘었다. 또한 트랜스포머는 음성 인식, 시계열 분석, 로봇공학 등 다양한 분야에 응용되었다. 음성 처리 분야에서는 콘포머(Conformer, convolutional transformer)와 같은 하이브리드 모델이 등장해 기존 순환 신경망 및 합성곱 신경망 기반 모델보다 더 뛰어난 성능을 보였다. 아울러 달리와 같은 트랜스포머 기반 이미지 생성 모델이 등장해 텍스트 프롬프트를 입력하면 프롬프트에 기술된 이미지를 생성했다.

멀티모달 AI

멀티모달 AI는 텍스트, 이미지, 오디오, 비디오 등 다양한 형태의 데이터를 동시에 처리하는 인공지능 기술로, 인간의 복합적인 인지 능력을 모방해 여러 모달리티의 정보를 통합적으로 이해하고 생성할 수 있다. 트랜스포머 모델은 이러한 멀티모달 AI의 기반 기술로 활용되어 텍스트 생성, 이미지 생성, 음성 생성 등 다양한 분야에서 혁신을 이끌어 왔다. 오픈AI의 CLIP(Contrastive Language-Image Pretraining)는 텍스트와 이미지를 동시에 이해하는 모델로 개발되어 이미지 검색이나 텍스트 기반 이미지 분류 등의 용도로 사용되었다. 이러한 기술의 발전은 텍스트 프롬프트를 기반으로 영상을 생성할 수 있는 동영상 생성 모델인 오픈AI의 소라로 확장되었다. 소라는 다양한 스타일의 영상을 제작할 수 있어 콘텐츠 제작 분야에서 크게 주목받고 있다.

한편 트랜스포머 모델은 로봇공학 분야에도 적용되어 인간의 명령에 따라 로봇이 행동하는 비전-언어-행동(vision-language-action, VLA) 모델(Kim et al., 2024; Zhen et al., 2024)이 활발히 연구되고 있다. 기존 로봇 시스템은 정해진 규칙과 사전 프로그램된 동작에 의존해 행동했지만, VLA 모델은 시각, 언어, 행동 정보를 통합해 인간의 언어를 이해하고 시각 정보를 기반으로 상황을 판단해 명령에 따른 행동을 수행하는 로봇을 구현할 수 있다. 구글 딥마인드의 RT-2(Robotic Transformer 2)는 웹과 로봇 데이터로부터 학습해 일반화된 로봇 제어 명령을 생성하는 VLA 모델로, 로봇이 사전 학습되지 않은 작업도 수행할 수 있도록 한다(Brohan et al., 2023). 이러한 로봇은 자율주행, 산업 자동화, 가정용 로봇, 의료 보조 등 다양한 분야에서 활용될 수 있으며, 로봇 공연이나 로봇 예술에도 사용될 수 있다. 예를 들어 로봇이 무대에서 인간과 함께 춤을 추거나 음악 연주를 통해 관객과 상호작용하는 등 새로운 형태의 예술 표현이 가능해진다.

멀티모달 AI의 발전은 예술 창작의 경계를 넓히고 인간과 AI의 협업을 통한 새로운 형태의 예술 작품을 탄생시키고 있다. 텍스트, 이미지, 오디오, 비디오 등 다양한 모달리티의 데이터를 통합적으로 활용해 더욱 풍부하고 다채로운 예술적 표현이 가능해지고 있다. 또한 이러한 기술은 교육, 엔터테인먼트, 의료 등 다양한 산업 분야에서도 혁신적인 변화를 이끌고 있다. 그러나 멀티모달 AI 활용에는 윤리적 · 사회적 고려 사항도 수반된다. AI가 생성한 콘텐츠의 저작권 문제, 데이터 편향으로 인한 차별 등의 이슈가 발생할 수 있으며, 이러한 문제를 해결하기 위한 법적 · 제도적 장치가 마련되어야 한다. 또한 AI와 인간의 역할 분담에 대한 명확한 기준 설정과 함께 AI 기술 남용을 방지하기 위한 노력도 중요하다. 요컨대 멀티모달 AI는 다양한 모달리티의 데이터를 통합적으로 처리해 인간의 복합적인 인지 능력을 모방하고, 이를 통해 예술, 로봇공학 등 여러 분야에서 혁신적 변화를 이끌고 있다. 앞으로 이러한 기술 발전과 함께 인간과 AI의 협업을 통한 새로운 가능성이 지속적으로 탐구될 것으로 기대된다.

참고문헌

Agostinelli, A. et al.(2023). MusicLM: Generating music from text. arXiv preprint. arXiv:2301.11325.

Brohan, A. et al.(2023). RT-2: Vision-language-action models for robotic control. arXiv preprint. arXiv:2307.15818.

Brown, T. et al.(2020). Language models are few-shot learners. arXiv preprint. arXiv:2005.14165.

Devlin, J. et al.(2018). BERT: Pre-training of deep bidirectional transformers for language understanding. arXiv preprint. arXiv:1810.04805.

Donahue, C. et al.(2018). Synthesizing audio with Generative Adversarial Networks. arXiv preprint. arXiv:1802.04208.

Goodfellow, I. et al.(2014). Generative adversarial networks. *Proceedings of Advances in Neural Information Processing Systems(NeurIPS)*, 27.

Ho, J. et al.(2020). Denoising diffusion probabilistic models. *Proceedings of Advances in Neural Information Processing Systems(NeurIPS)*, 33, pp.6840-6851.

Kim, M-J. et al.(2024). OpenVLA: An Open-Source Vision-Language-Action Model. arXiv preprint. https://arxiv.org/abs/2406.09246

Kingma, D. P. & Welling, M.(2013). Auto-encoding variational Bayes. arXiv preprint. arXiv:1312.6114.

Kreuk, F. et al.(2022). AudioGen: Textually guided audio generation. arXiv preprint. arXiv:2209.15352.

LeCun, Y.(1998). The MNIST database of handwritten digits.

Lewis, P. et al.(2020). Retrieval-augmented generation for knowledge-intensive NLP tasks. arXiv preprint. arXiv:2005.11401.

Ouyang, L. et al.(2022). Training language models to follow instructions with human feedback. arXiv preprint. arXiv:2203.02155.

Radford, A. et al.(2021). Learning transferable visual models from natural language supervision. arXiv preprint. arXiv:2103.00020.

Ramesh, A. et al.(2021). Zero-shot text-to-image generation. arXiv preprint. arXiv:2102.12092.

Sohl-Dickstein, J. et al.(2015). Deep unsupervised learning using nonequilibrium thermodynamics. International Conference on Machine Learning(ICML).

Tay, Y. et al.(2022). Unifying language learning paradigms. arXiv preprint. arXiv:2205.05131.

van den Oord, A. et al.(2016). WaveNet: A generative model for raw audio. arXiv preprint. arXiv:1609.03499.

Vaswani, A. et al.(2017). Attention is all you need. *Proceedings of Advances in Neural Information Processing Systems(NeurIPS)*, 30.

Zhen, H. et al.(2024). 3D-VLA: A 3D Vision-Language-Action Generative World Model. arXiv preprint. arXiv:2403.09631.

04

이미지 생성 AI와 예술 분야 응용

이미지 생성 AI를 활용하면 우리가 생각하지 못한 다양한 이미지를 만들 수 있어 예술 창작에 혁신을 가져올 수 있다. 예술가들은 AI를 창작 도구로 활용해 독창적인 작품을 제작하거나 창작 과정에서 영감을 얻을 수 있다. 또한 광고, 게임, 패션, 디자인 등 다양한 분야에서 창의적인 작업에 사용될 수 있다. 이 장에서는 예술 분야에서 이미지 생성 AI가 어떻게 사용되는지 알아본다.

AI와 사주?

이미지 생성 AI의 잠재 공간

이미지 생성 AI 중에는 생성적 적대 신경망과 변분 오토인코더 그리고 확산 모델이 대표적이다. 대부분의 이미지 생성 모델은 가우시안 분포의 잠재 공간에서 무작위로 샘플링된 입력을 받아 이미지를 생성한다. 잠재 공간은 이미지를 표현하는 잠재적 특징을 담고 있는 공간으로, 이를 통해 모델은 학습된 이미지의 다양한 특징을 학습한다. 학습이 완료되면 잠재 공간은 이미지의 다양한 특징이 포함된 공간으로 매핑된다. 그러나 어떤 공간에 어떤 특징이 매핑되어 있는지는 바로 알 수 없다. 따라서 이미지 생성 시 잠재 공간에서 샘플링된 무작위 값을 입력으로 넣었을 때 생성되는 이미지는 예측하기 어렵다. 이러한 특성은 원하는 이미지를 생성하려 할 때 제어가 어렵다는 단점으로 이어진다. 따라서 특정 이미지를 생성하고자 할 때 텍스트와 연동해 제어할 수 있도록 모델을 구성한다. 그러나 예술적 측면에서는 이러한 무작위성이 창의성을 높이는 요소로 유용하게 활용될 수 있다.

대표적 이미지 생성 서비스

딥러닝 기술을 사용한 대표적 텍스트 기반 이미지 생성 서비스로는 달리, 스테이블 디퓨전, 미드저니 등이 있다.

오픈AI가 개발한 달리는 사용자의 문장을 입력받아 그에 맞는 이미지를 생성해 준다. 다양한 스타일을 지원해 예술가와 디자이너의 창의적 아이디어를 시각화하는 데 유용하게 활용된다. 스테이블 디퓨전은 오픈소스로 제공되는 강력한 이미지 생성 모델로, 로컬 환경에서도 실행할 수 있다. 미드저니는 예술적 스타일의 이미지 생성에 특화된 AI 서비스로, 텍스트를 기반으로 창의적 이미지 생성이 가능하다. 이 모델은 특히 디지털 아트, 콘셉트 아트, 일러스트레이션 제작에 강점을 보여 예술가들이 독창적 작품을 제작하는 데 도움을 준다. 이 외에도 딥드림, 딥드림 제너레이터(Deep Dream Generator), 런웨이ML(RunwayML), 아트브리더(Artbreeder) 등 다양한 이미지 생성 서비스가 있다. 딥드림은 신경망의 내부 특징 시각화를 기반으로 이미지를 점진적으로 강화해 초현실적인 이미지로 변환한다.

대표적 예술 분야 적용 사례

이미지 생성 AI는 디지털 아트 및 일러스트레이션, 패션 및 그래픽 디자인, 게임 및 애니메이션, 미디어 아트 그리고 광고 및 마케팅에 다양하게 사용되고 있다. 디지털 아트 분야에서 AI는 단순한 보조 도구를 넘어 창작의 한 축을 담당하고 있다. 마리오 클링게만(Mario Klingemann)은 생성적 적대 신경망을 활용해 전통적인 초상화 기법과 결합된 새로운 아트 형식을 만들어 냈다. 패션 디자인에서는 AI가 새로운 패턴과 스타일을 창조하는 데 다양하게 사용되고 있다. 예를 들어 로비 배럿(Robbie Barrat)은 생성적 적대 신경망을 이용해 독특한 패션 컬렉션을 선보였다. 패션 디자이너들은 기존 스타일을 스테이블 디퓨전으로 자동 변환해 독창적인 패션 아이템을 제작하고 이를 실제 의류 제작에 활용하고 있다. 또한 그래픽 디자이너들은 포스터, 브랜드 로고, 패키지 디자인에 미드저니나 딥드림 제너레이터를 적극적으로 활용해 빠르고 효율적으로 시각적 콘텐츠를 제작하고 있다. 스티치 픽스(Stitch Fix)와 같은 패션 플랫폼은 AI를 활용해 고객의 취향을 분석하고 맞춤형 의류 추천을 제공한다.

게임 및 애니메이션 산업에서는 AI를 배경 이미지 자동 생성, 캐릭터 디자인, 애니메이션 프레임 보장 등에 사용한다. 엔비디아(NVIDIA)의 고갱(GauGAN)은 간단한 스케치를 사실적인 풍경 이미지로 변환하는 기능을 제공해 게임 및 영화 제작자들이 신속하게 배경을 디자인하는 데 도움을 준다. 달리나 스테이블 디퓨전을 활용해 게임 속 배경과 캐릭터 다자인을 자동 생성하는 프로젝트가 증가하고 있다. 이미지 생성 AI는 특히 게임 콘셉트 아트를 빠르게 제작하는 데 활용되고 있다. 또한 유니티(Unity)의 AI 기반 캐릭터 생성 도구는 게임 개발자들이 새로운 캐릭터를 생성할 수 있도록 지원하며 움직임과 감정을 더욱 자연스럽게 표현할 수 있도록 한다. 런웨이ML은 사용자가 입력한 텍스트를 바탕으로 애니메이션 장면을 생성할 수 있다. 이는 애니메이션 제작 과정에서 창의성을 높이고 제작 시간을 단축하는 데 기여한다.

미디어 아트에서는 AI가 생성한 이미지와 영상을 활용해 인터랙티브한 경험을 제공하는 프로젝트가 증가하고 있다. 예를 들어 팀 룰로프스(Tim Roelofs)는 AI를 이용해 관객의 얼굴을 분석하고 이에 기반해 즉각적인 아트워크를 생성하는 프로젝트를 진행했다. 미드저니와 스테이블 디퓨전을 활용해 설치 미술 작품의 배경을 디자인하거나 공간을 새롭게 구성하는 작업도 진행되고 있다. AI는 광고 및 마케팅 분야에서도 비주얼 콘텐츠 제작을 자동화하고 있다. 예를 들어 코카콜라는 달리를 활용해 브랜드 이미지에 맞는 독창적인 광고 비주얼을 제작했으며, 나이키는 AI 기반 디자인 시스템을 활용해 고객 맞춤형 신발 디자인을 실험하고 있다. 스테이블 디퓨전을 활용해 광고 비주얼을 자동 생성하거나 브랜드 로

고와 포스트를 제작하는 사례도 증가하고 있다. 또한 소셜 미디어 광고에서는 AI를 활용해 타깃 고객층에 맞춘 광고 이미지를 자동 생성하고 있다.

이미지 생성 AI는 만화 제작 분야에서도 혁신적인 도구로 활용되고 있다. 네이버 웹툰의 '웹툰 AI 페인터'는 딥러닝 기술을 활용해 스케치의 맥락에 맞도록 자연스럽게 채색을 도와주는 서비스로, 창작자가 색을 선택하고 원하는 부분에 터치하면 AI가 자동으로 색을 입혀 준다. 일일이 수작업으로 진행하던 기존 방식과 달리 몇 번의 터치만으로 채색이 가능해져 창작 효율성이 크게 향상되었다. 또한 이 서비스는 PC와 모바일 환경 모두에서 사용 가능해 언제 어디서나 창작 활동을 지원한다. 이러한 AI 도구의 도입으로 만화가들은 채색에 소요되는 시간을 절약하고 더욱 창의적인 작업에 집중할 수 있게 되었다. 그뿐 아니라 다양한 스타일의 채색을 시도할 수 있게 해 작품의 다양성과 완성도를 높이는 데 기여하고 있다. 한편 미드저니와 같은 AI 이미지 생성기는 텍스트 프롬프트를 기반으로 이미지를 생성해 만화 제작에 활용되고 있다. 사용자가 원하는 장면이나 캐릭터를 텍스트로 묘사해 입력하면, AI가 이를 시각화해 다양한 아이디어를 신속하게 구체화할 수 있다. 이러한 기능은 스토리

보드 작성이나 콘셉트 아트 제작 등 초기 단계에서 특히 유용하게 사용된다. 또한 미드저니는 다양한 스타일과 모델 설정을 통해 원하는 분위기의 이미지를 생성할 수 있어, 만화의 장르나 테마에 맞는 비주얼을 손쉽게 구현할 수 있다. 이처럼 이미지 생성 AI는 만화 제작 과정 전반에 걸쳐 효율성을 높이고, 창작자들이 더욱 풍부한 표현을 시도할 수 있도록 지원하고 있다. 앞으로 이러한 기술 발전은 만화 산업의 새로운 가능성을 열어 줄 것으로 기대된다.

참고문헌

Barrat, R.(2018). AI-generated fashion: A GAN-based exploration. Conference on AI & Fashion Design.

Goodfellow, I. et al.(2014). Generative adversarial networks. *Proceedings of Advances in Neural Information Processing Systems(NeurIPS)*, 27.

Ho, J. et al.(2020). Denoising diffusion probabilistic models. *Proceedings of Advances in Neural Information Processing Systems(NeurIPS)*, 33, pp.6840-6851.

Kingma, D. P. & Welling, M.(2013). Auto-encoding variational Bayes. arXiv preprint. arXiv:1312.6114.

Ramesh, A. et al.(2021). Zero-shot text-to-image generation. arXiv preprint. arXiv:2102.12092.

Rombach, R. et al.(2022). High-resolution image synthesis with latent diffusion models. *Proceedings of the IEEE/CVF Conference on Computer Vision and Pattern Recognition(CVPR)*, pp.10684–10695.

Sohl-Dickstein, J. et al.(2015). Deep unsupervised learning using nonequilibrium thermodynamics. International Conference on Machine Learning(ICML).

Tack, S.(2019). NVIDIA Canvas Updated With New AI Model Delivering 4x Resolution and More Materials. NVIDIA, https://blogs.nvidia.com/blog/studio-canvas-update-gaugan2-ces/

딥드림 제너레이터(Deep Dream Generator) 홈페이지. https://deepdreamgenerator.com

미드저니(MidJourney) 홈페이지. https://www.midjourney.com

05
텍스트 생성 AI와 예술 분야 응용

텍스트 생성 AI는 시, 소설, 시나리오 등 다양한 문학적 창작에 적용할 수 있다. 또한 광고 카피, 가사, 대본 작성 등 예술 전반에서 창작 효율성을 높이고 창의성을 확장하는 데 기여할 수 있다. 이처럼 텍스트 생성 AI는 예술 분야에서 창작의 새로운 도구로 자리매김하고 있다. 이 장에서는 텍스트 생성 AI가 실제로 예술 분야에 어떻게 응용되고 있는지 살펴본다.

AI와 아이돌?

대표적 텍스트 생성 서비스

대표적인 텍스트 생성 서비스로는 오픈AI의 기반 모델(foundation model)인 GPT-3.5와 GPT-4를 이용한 챗GPT-4o가 있다. 또한 메타는 라마-3(LLaMa-3) 기반 모델을 이용해 페이스북(Facebook), 인스타그램(Instagram), 왓츠앱(WhatsApp) 등의 플랫폼에서 대화형 서비스를 제공하고 있다. 앤트로픽(Anthropic)은 자체 기반 모델을 사용한 클로드(Claude)를, 구글은 제미나이[Gemini, 구 바드(Bard)]를 서비스하고 있다. 최근에는 중국의 알리바바가 자체 기반 모델인 큐웬(Qwen) 모델에 기반한 서비스를, 중국의 딥시크(DeepSeek)가 자체 기반 모델로 다양한 서비스를 제공하고 있다. 이러한 대화형 서비스는 사전 학습된 모델에 기반해 대화에 최적화된 서비스로 개발되어 AI와 대화하며 원하는 작업을 하려고 할 때 편리하다. 그러나 이러한 서비스로 예술 분야에서 특정 목적의 텍스트를 생성하려면 일반적으로 추가적인 작업이 필요하다. 즉 어떤 주제를 주고 시나 소설, 가사를 작성해 달라고 하면 어느 정도 구색을 갖춘 작품을 만들어 주지만 예술가가 만족할 만한 것이 생성되지 않을 수 있다. 그런 경우 목적에 따라 프롬프트 엔지니어링이나 검색 증강 생성, 미세 조정 등의 작업이 필요하다. 비록 전 세계의 오픈된 대규모 텍스트 데이터를 학습한 대규모 언어 모델에 기반해 만들어진 텍스트 생성 서비스라도 높은 전문 지식을 필요로 하는 예술 분야에 바로 적용해 높은 수준의 작품을 생성하는 데는 어려움이 많다. 그러므로 분야별로 전문화된 대규모 언어 모델을 개발해 서비스할 필요가 있다.

대표적 예술 분야 적용 사례

대규모 언어 모델을 활용한 예술 분야 특화 서비스는 창작자의 작업을 보조하거나 아이디어를 제공하며, 일부는 마케팅 및 콘텐츠 제작을 지원하는 기능까지 포함되어 있다. 대표적인 서비스 중 하나는 오픈AI의 챗GPT다. 챗GPT는 다양한 창작물의 초안을 작성할 수 있다. 사용자는 챗GPT를 활용해 글쓰기 아이디어를 얻거나 특정한 문체로 글을 자동 생성하도록 요청할 수 있다. 이는 소설, 시, 대본 같은 문학적 창작물뿐 아니라 광고 카피, 블로그 글, 제품 설명과 같은 실용적 콘텐츠를 작성하는 데 유용하다. 재스퍼 AI(Jasper AI)는 마케팅 콘텐츠 생성에 특화된 AI 서비스로, 광고 카피, 블로그 게시물, 소셜 미디어 콘텐츠 등을 제작하는 데 사용된다. 제스퍼 AI는 특정 브랜드의 스타일을 학습해 맞춤형 마케팅 자료를 생성할 수 있도록 설계되었으며, 광고 및 카피라이팅 전문가들에게 특히 유용한 도구로 평가받고 있다. 카피.ai(Copy.ai)는 사용자가 간단한 정보를 입력하면 광고 문구, 제품 설명, 블로그 콘텐츠 등의 글을 자동 생성해 주는 서비스다. 특히 빠르고 직관적인 인터페이스를 제공하며, 기업 및 마케팅 전문가들이 효율적으로 콘텐츠를 제작할 수 있도록 돕는다. 문학적 창작을 돕는 AI 서비스로는 수도라이트(Sudowrite)가 있다. 수도라이트는 소설가와 시인을 위한 AI 도구로, 이야기 전개를 도와주거나 문장 표현을 개선하는 기능을 제공한다. 예술적 글쓰기를 더욱 원활하게 진행할 수 있도록 영감을 주고, 기존 문장을 더욱 풍부하게 수정할 수 있는 기능을 포함하고 있다. 라이트소닉(Writesonic)은 블로그 아이디어부터 광고 카피까지 다양한 글쓰기 작업을 지원하는 AI 플랫폼이다. 이 서비스는 온라인 마케팅 및 브랜딩을 위한 도구로 널리 사용된다. 라이트르(Rytr) 역시 광고 카피, 블로그 콘텐츠, 노래 가사 등 다양한 유형의 문서를 생성하는 AI 도구로, 사용자가 원하는 스타일에 맞춰 텍스트를 자동으로 생성해 준다. 창작 과정에서 시간과 노력을 절약할 수 있도록 설계된 것이 특징이다. 카피스미스(Copysmith)는 마케팅 팀을 위한 AI 카피라이팅 도구로, 광고 문구, 제품 설명, 랜딩 페이지 텍스트 등을 자동으로 생성하는 기능을 제공한다. 특히 브랜드별로 최적화된 카피를 생성할 수 있어 제품 홍보 및 광고 캠페인에 유용하게 활용된다. 애니워드(Anyword)는 데이터 기반 카피라이팅을 제공하며, 광고 카피, 블로그 게시물, 소셜 미디어 광고 등에서 높은 성과를 거둘 수 있도록 설계된 AI 서비스다. 특히 AI가 생성한 콘텐츠의 성과를 예측하는 기능이 포함되어 있어, 마케팅 전략을 더욱 정교하게 수립할 수 있다.

현재 비교적 간단한 시나 광고 카피, 가사 등의 생성은 자동화가 가능하지만, 장기적인 문맥 유지와 창작 의도를 반영하는 능력은 아직 부족해 긴 소설이나 시나리오를 완전히 자동으로 생성하는 데는 한계가 있다. 이러한 서비스는 더 정교한 기술 개발이 필요한 작업으로, 현재 다양한 연구가 시도되고 있다.

참고문헌

Bai, Y. et al.(2022). Training a helpful and harmless assistant with RLHF. arXiv preprint. arXiv:2204.05862.

Grattafiori, A. et al.(2024). The Llama 3 Herd of Models. arXiv preprint. arXiv:2407.21783.

Lewis, P. et al.(2020). Retrieval-augmented generation for

knowledge-intensive NLP tasks. arXiv preprint. arXiv:2005.11401.
OpenAI(2023). GPT-4 technical report. arXiv preprint. arXiv:2303.08774.
Ouyang, L. et al.(2022). Training language models to follow instructions with human feedback. arXiv preprint. arXiv:2203.02155.
Tay, Y. et al.(2022). Unifying language learning paradigms. arXiv preprint. arXiv:2205.05131.

구글 딥마인드(DeepMind) 홈페이지. https://deepmind.google/technologies/gemini/
딥시크(DeepSeek) 홈페이지. https://www.deepseek.com
라이트르(Rytr) 홈페이지. https://rytr.me
라이트소닉(Writesonic) 홈페이지. https://www.writesonic.com
수도라이트(Sudowrite) 홈페이지. https://www.sudowrite.com
알리바바 DAMO 아카데미(达摩院) 홈페이지. https://damo.alibaba.com/qwen
애니워드(Anyword) 홈페이지. https://www.anyword.com
오픈AI 챗GPT(ChatGPT) 홈페이지. https://openai.com/chatgpt
재스퍼 AI(Jasper AI) 홈페이지. https://www.jasper.ai
카피.ai(Copy.ai) 홈페이지.

https://www.copy.ai
카피스미스(Copysmith) 홈페이지.
https://www.copysmith.ai

06
오디오 생성 AI와 예술 분야 응용

오디오 생성 AI는 최근 급격한 기술 발전을 이루어 음악, 음성 합성, 사운드 디자인 등 다양한 예술 분야에서 활용되고 있다. 이를 이용해 가상의 보컬을 생성하거나 특정 스타일의 음악을 자동으로 작곡하고 연주하는 것이 가능하며, 이를 통해 새로운 형태의 창작이 이루어지고 있다. 이러한 기술들은 예술가들에게 새로운 창작 도구를 제공하며, 음악 산업 전반에 혁신적 변화를 가져오고 있다. 이 장에서는 오디오 생성 AI가 예술 분야에서 어떻게 적용되고 있는지 다양한 사례를 통해 살펴본다.

AI와 야구?

대표적 오디오 생성 서비스

오디오 생성 AI의 발전과 함께 다양한 서비스가 등장해 음악가, 사운드 디자이너, 콘텐츠 제작자가 창작 과정에서 AI를 적극 활용할 수 있게 되었다. 이러한 서비스들은 음성 합성, 음악 생성, 효과음 제작 등 다양한 용도로 사용되며, 창작을 보조하거나 독자적인 오디오 콘텐츠를 생성하는 기능을 제공한다. 구글이 개발한 뮤직LM은 AI 기반 음악 생성 모델로, 텍스트를 입력하면 그에 맞는 음악을 생성할 수 있는 시스템이다(Agostinelli et al., 2023). 예를 들어 "잔잔한 피아노 연주와 함께 시작해 서서히 오케스트라가 추가되는 클래식 음악"과 같은 프롬프트를 입력하면 AI가 이에 적합한 음악을 자동으로 작곡해 연주한다. 뮤직LM은 음악의 구조와 스타일을 반영해 더욱 자연스러운 곡을 생성할 수 있도록 설계되어 있으며, 창작자들에게 새로운 음악적 아이디어를 제공한다. 메타에서 개발한 오디오젠은 오디오 생성 모델로, 텍스트 기반 입력을 통해 다양한 사운드를 생성할 수 있다(Kreuk et al., 2023). 이 모델은 특정한 소리 효과나 배경음을 필요로 하는 콘텐츠 제작자들에게 특히 유용해 게임, 영화, 광고 등 다양한 분야에서 활용된다. 예를 들어 "숲속에서 바람이 부는 소리" 또는 "바닷가 파도 소리"와 같은 문장을 입력하면 이에 맞는 오디오 샘플을 생성해 준다. 수노 AI(Suno AI)는 음악 및 음성 합성 서비스를 제공하는 플랫폼으로, 사용자가 간단한 명령어를 입력하면 AI가 자동으로 곡을 작곡하고 보컬을 추가할 수 있다. 특히 AI가 사람의 목소리를 분석해 새로운 보컬 스타일을 만들어 내는 기능이 있어 음악 창작에서 중요한 도구로 사용된다. 보이시파이 AI(Voicify AI)는 음성 합성 및 보컬 AI 기술을 활용해 가상의 가수 목소리를 생성하는 서비스다. 이 기술은 가수의 기존 음성을 분석해 AI가 재현할 수 있도록 하며, 이를 통해 창작자들은 원하는 스타일의 보컬을 제작할 수 있다. 특히 커버곡 제작, 음악 프로덕션, 게임 및 애니메이션 성우 작업 등 다양한 분야에서 사용된다. 이 외에도 일레븐랩스(ElevenLabs), 머프 AI(Murf AI), 라랄.AI(LALAL.AI)와 같은 서비스들이 있으며, 각각 음성 변환, 보컬 제거, 고품질 음성 합성 등 다양한 기능을 제공해 창작자들의 요구를 충족하고 있다.

대표적 예술 분야 적용 사례

오디오 생성 AI는 다양한 예술 분야에서 혁신적인 방식으로 사용되고 있으며, 음악, 영화, 게임, 오디오북 등 여러 산업에서 창작 도구로 자리 잡고 있다. 음악 작곡 및 음원 제작 분야에서 AI는 단순한 보조 도구를 넘어 독창적인 음악을 작곡하고 연주하는 역할을 수행하고 있다. 예를 들어 AI 작곡 도구인 앰퍼 뮤직(Amper Music)은 사용자가 입력한 음악 스타일과 분위기에 맞춰 자동으로 곡을 생성할 수 있으며, 이는 유튜버, 팟캐스트 제작자, 광고 음악 제작자들에게 매우 유용하다. 또한 AIVA(AI Virtual Artist)는 클래식 음악 작곡을 위해 설계된 AI로, 작곡가들이 영감을 얻거나 오케스트라 편곡을 위한 초안을 생성하는 데 도움을 준다. 음성 합성과 보이스 아트 분야에서는 오디오북 내레이션, 팟캐스트 제작, 게임 및 애니메이션 더빙 등 다양한 분야에 적용되고 있다. 일레븐랩스는 고품질 음성 합성 기술으로 자연스러운 목소리를 생성하며, TTS 기술에 기반해 오디오북을 제작할 수 있게 한다. 또한 유명인의 음성을 학습해 특정 스타일의 보이스를 생성하는 보이시파이 AI 같은 기술은 콘텐츠 제작에 혁신적 변화를 가져왔다.

게임, 영화, 광고 등의 사운드 디자인 분야에서도 AI 기술이 활발히 사용되고 있다. 예를 들어 오디오젠은 다양한 환경음과 효과음을 생성하는 기능을 제공해 게임 개발자나 영화 제작자가 필요한 오디오 요소를 빠르게 생성할 수 있도록 돕는다. 기존에는 사운드 디자이너가 직접 제작해야 했던 효과음을 AI가 자동으로 생성하며 콘텐츠 제작의 효율성을 극대화하고 있다. 가상 아티스트 및 AI 보컬 분야에서는 실제 가수의 목소리를 재현하거나 완전히 새로운 보컬을 생성하는 데 활용되고 있다. 예를 들어 수노 AI와 보이시파이 AI는 기존 아티스트의 보컬 스타일을 분석해 AI가 재현할 수 있도록 한다. AI 보컬은 이미 엔터테인먼트 산업에서 적극적으로 활용되고 있으며, 가상 아이돌 및 AI 기반 음원 제작에도 활용되고 있다.

오디오 생성 AI는 전통적인 음악 창작을 넘어 새로운 예술적 시도를 가능하게 하고 있다. 예를 들어 AI 기반 실험 음악 프로젝트에서는 AI가 생성한 사운드를 인간 음악가의 사운드와 결합해 새로운 형태의 음악을 만들고 있으며, 이는 현대 예술 및 사운드 아트 분야에서 점점 더 중요해지고 있다. AI는 단순히 음악을 자동으로 생성하는 것을 넘어 창작 과정에서 인간과 협업해 예술의 새로운 가능성을 탐색하는 데 사용될 수 있다.

참고문헌

Agostinelli, A. et al.(2023). MusicLM: Generating music from

text. arXiv preprint. arXiv:2301.11325.
Kreuk, F. et al.(2023). AudioGen: Textually guided audio generation. arXiv preprint. arXiv:2209.15352.

라랄.AI(LALAL.AI) 홈페이지.
https://www.lalal.ai
머프 AI(Murf AI) 홈페이지.
https://www.murf.ai
보이시파이 AI(Voicify AI) 홈페이지.
https://www.voicify.ai
수노 AI(Suno AI) 홈페이지.
https://www.suno.ai
앰퍼 뮤직(Amper Music) 홈페이지.
https://www.ampermusic.com
일레븐랩스(ElevenLabs) 홈페이지.
https://elevenlabs.io
AIVA 홈페이지.
https://www.aiva.ai

07
멀티모달 생성 AI와 예술 분야 응용

텍스트, 이미지, 오디오, 비디오 등 다양한 형태의 데이터를 동시에 처리하는 멀티모달 생성 AI는 기존 생성 AI의 응용 분야를 무한 확장하고 있다. 이는 인간의 다양한 감각을 통합적으로 이해하고 처리할 수 있음을 의미하며, 예술 창작 분야에서 새로운 가능성을 열어 주고 있다. 이러한 기술은 로봇과 결합되어 인간의 언어를 이해하고 시각 정보를 처리해 명령에 따른 행동을 수행하는 휴머노이드 개발에도 활용되고 있다. 멀티모달 생성 AI가 예술 창작 분야에 어떻게 응용되고 있는지 다양한 사례를 통해 알아본다.

AI와 윤동주?

대표적 멀티모달 생성 서비스

멀티모달 생성 AI가 발전하면서 다양한 서비스가 등장해 예술가, 디자이너, 콘텐츠 제작자들이 창작 과정에서 AI를 적극 활용할 수 있게 되었다. 이러한 서비스들은 텍스트-이미지, 텍스트-음성, 이미지-영상 변환 등 여러 모달을 결합해 창작을 보조하거나 새로운 형태의 예술을 가능하게 하는 기능을 제공한다. 오픈AI의 챗GPT-4o는 텍스트뿐 아니라 이미지와 오디오 데이터를 동시에 처리할 수 있다. 사용자가 텍스트를 입력하면 AI가 해당 내용을 기반으로 이미지를 생성할 수 있으며, 이미지나 음성을 분석해 적절한 설명을 생성하는 기능도 갖추고 있다. 이 기술은 예술가들이 텍스트에 기반해 창작 방향을 구상하거나 시각적 아이디어를 보강하는 데 유용하다. 멀티모달 AI인 구글의 제미나이는 텍스트, 이미지, 오디오 및 코드 데이터를 동시에 처리할 수 있다. 특히 예술 창작 분야에서는 텍스트 설명에 기반해 이미지를 생성하거나, AI가 자동으로 음악을 작곡하는 기능이 활용될 수 있다. 제미나이는 크리에이터들이 AI와 협력해 다양한 창작물을 제작하는 데 유용한 도구로 자리 잡고 있다. 메타의 CM3레온(CM3leon)은 텍스트를 기반으로 이미지를 생성한다. 특히 광고 및 마케팅 분야에서 창의적 비주얼 콘텐츠를 제작하는 데 활용될 수 있으며, 예술 창작에서도 다양한 스타일의 이미지를 자동으로 생성하는 데 사용된다. 런웨이 젠-2는 AI 기반 비디오 생성 기술로, 텍스트 설명을 기반으로 새로운 영상을 자동으로 생성할 수 있다. 이는 영화 제작자나 디지털 아티스트가 영상 콘텐츠를 더욱 손쉽게 제작할 수 있도록 지원하며, 애니메이션과 시각 효과(VFX) 분야에서도 크게 주목받고 있다. 이 외에도 딥마인드의 플라밍고(Flamingo), 마이크로소프트의 코스모스-2(Kosmos-2) 등 다양한 멀티모달 AI 모델이 개발되고 있으며, 예술 창작의 다양한 영역에서 AI의 역할을 확장하고 있다.

대표적 예술 분야 적용 사례

멀티모달 생성 AI는 다양한 예술 분야에서 혁신적인 방식으로 사용되고 있으며, 시각 예술, 음악, 문학, 애니메이션, 인터랙티브 미디어 등 여러 산업에서 창작 도구로 자리 잡고 있다. 멀티모달 생성 AI가 실제 예술 분야에서 어떻게 적용되고 있는지 주요 사례를 살펴보자. AI 기반 디지털 아트에서는 달리나 스테이블 디퓨전 같은 AI가 입력한 텍스트에 기반해 고해상도의 이미지를 자동으로 생성해 준다. 아티스트들은 이를 활용해 빠르게 콘셉트 아트를 제작하거나 다양한 스타일의 그림을 실험할 수 있다. 또한 AI는 기존 그림을 변형해 새로운 형태의 예술 작품을 만들어 내는 데에도 활용된다. 음악 및 사운드 디자인에서는 텍스트 입력을 기반으로 음악을 생성한다. 예를 들어 구글의 뮤직LM이나 리퓨전(Riffusion) 같은 모델은 사용자가 원하는 분위기나 스타일을 입력하면 자동으로 음악을 생성한다. 또한 오디오 생성 AI는 영화, 게임, 애니메이션에서 필요한 효과음을 제작하는 데 활용될 수 있다.

문학 창작에서 챗GPT-4o는 소설, 시, 대본과 같은 문학 창작물에도 활용될 수 있다. 예를 들어 사용자가 특정한 주제와 스타일을 입력하면 AI가 자동으로 이야기를 생성하거나 기존 글을 수정해 창작 과정을 지원할 수 있다. AI가 자동으로 시나리오를 생성하고, 그에 맞는 비주얼을 AI 영상 생성 기술로 제작하는 프로젝트도 연구되고 있다. 인터랙티브 미디어 분야에서는 멀티모달 AI와의 협업으로 가상현실(Virtual Reality, VR), 증강현실(Augmented Reality, AR) 콘텐츠를 제작할 수 있다. 예를 들어 AI는 사용자의 음성 명령을 받아 가상의 환경을 디자인하거나 실시간으로 대화형 캐릭터를 만들어 몰입형 경험을 제공할 수 있다. 이는 게임, 공연 예술, 교육 콘텐츠 등 다양한 분야에서 활용될 수 있다. AI 애니메이션 및 영상 편집 분야에서는 런웨이 젠-2와 같은 AI 모델로 짧은 영상 클립을 자동으로 생성할 수 있다. 이를 활용하면 애니메이션 제작 과정에서 콘셉트 아트 및 스토리보드를 더욱 빠르게 만들 수 있다. 또한 AI는 기존 영상의 스타일을 변형하거나 음성과 자막을 자동으로 추가하는 작업을 수행할 수 있다.

로봇 기술에서의 멀티모달 생성 AI 응용

멀티모달 AI는 예술 창작뿐 아니라 로봇 기술과 결합해 더욱 고도화된 응용이 가능하다. AI에 인간의 시각, 청각, 언어 능력을 학습시키고 이를 로봇 시스템에 적용하면 더욱 자연스러운 상호작용과 창작 활동을 수행할 수 있다. 로봇 아트 분야에서는 그림을 그리는 로봇이나 자동으로 음악을 연주하는 로봇 시스템이 연구되고 있다. 예를 들어 AI가 입력된 텍스트를 기반으로 그림을 생성하고, 로봇이 이를 실제 캔버스에 표현하는 프로젝트들이 진행 중이다. 또한 영상, 음악, 대화를 통해 인간과 상호작용하면서 창작을 지원하는 휴머노이드 로봇이 개발되고 있다. 이러한 로봇은 공연 예술, 교육, 인터랙티브 미디어 등의 분야에서 활용될 수 있다. 2025년 1월 29일

중국 국영 방송사 CCTV의 춘제(음력설) 갈라쇼에서 유니트리 로보틱스(Unitree Robotics)가 개발한 휴머노이드 로봇 'H1' 16대와 인간 무용수 16명이 함께 전통 무용 '뉴양거(扭秧歌)'를 선보였다. 유명 감독 장이머우(张艺谋)가 연출한 이 공연에서 로봇과 인간은 호흡을 맞춰 손수건을 던지고 받는 등 정교한 동작을 완벽하게 수행해 관객들의 큰 호응을 얻었다. 이러한 사례는 로봇 기술이 문화와 예술 분야에 빠르게 도입될 수 있음을 보여 준다.

참고문헌

Agostinelli, A. et al.(2023). MusicLM: Generating music from text. arXiv preprint. arXiv:2301.11325.

Alayra, O. et al.(2022). Flamingo: A visual language model for few-shot learning. *DeepMind Research Papers.*

Brohan, A. et al.(2023). RT-2: Vision-language-action models for robotic control. arXiv preprint. arXiv:2307.15818.

CCTV News(2025.1.30). 机器人秧歌"搭子", "如意变化" 揭秘春晚彩蛋. https://news.cctv.com/2025/01/30/ARTIgbwJ5GhcvkcAdI1wuppl250130.shtml

Ramesh, A. et al.(2021). Zero-shot text-to-image generation. arXiv preprint. arXiv:2102.12092.

Rombach, R. et al.(2022). High-resolution image synthesis with latent diffusion models. *Proceedings of the IEEE/CVF Conference on Computer Vision and Pattern*

Recognition(CVPR), pp.10684-10695.
Yu, L. et al.(2023). Scaling Autoregressive Multi-Modal Models: Pretraining and Instruction Tuning. arXiv preprint. arXiv:2309.02591.
Zhiliang, P. et al.(2023). Kosmos-2: Grounding Multimodal Large Language Models to the World. arXiv preprint. arXiv:2306.14824.

런웨이 리서치(Runway Research) 홈페이지.
https://runwayml.com
리퓨전(Riffusion) 홈페이지.
https://www.riffusion.com
오픈AI(OpenAI) 홈페이지.
https://openai.com
유니트리 로보틱스(Unitree Robotics) 홈페이지.
https://www.unitree.com

08

AI와 예술 교육

예술 교육 분야에서도 AI 기반 도구를 활용하려는 변화가 일어나고 있다. 예를 들어 AI를 활용한 그림 분석, 음악 작곡 보조, 창작 피드백 시스템 등은 학생들이 더욱 직관적으로 예술적 기법을 익히고 실험할 수 있는 기회를 제공한다. 또한 AI가 개별 학습자의 수준과 스타일을 분석해 맞춤형 교육을 제공하면서 더욱 개인화된 예술 교육이 가능해지고 있다. 이 장에서는 AI가 예술 교육에서 어떻게 활용되고 있는지 다양한 사례를 통해 살펴본다.

AI와 한의학?

대표적 예술 교육 적용 사례

AI는 예술 교육 분야에서 다양한 방식으로 활용되며, 학생들의 창의성을 증진하고 예술적 역량을 개발하는 데 중요한 역할을 하고 있다. 그림 분석 및 창작 지원 분야에서는 AI가 학생들이 그림을 학습하고 창작하는 과정에서 분석과 피드백을 제공할 수 있다. 예를 들어 구글의 오토드로(AutoDraw)는 사용자가 간단한 스케치를 하면 AI가 이를 인식하고 더욱 정교한 그림으로 변환해 준다. 또한 AI는 학생들이 그린 작품을 분석해 구도, 색상 배치, 표현 방식 등에 대한 피드백을 제공할 수 있어 학습 효과를 높인다. 음악 작곡 및 연주 보조 분야에서는 구글의 마젠타나 AIVA와 같은 AI 모델이 학생들이 입력한 간단한 멜로디를 기반으로 곡을 자동으로 편곡하거나 작곡할 수 있도록 돕는다. AI는 학생들이 연주하는 음악을 분석해 박자, 음정, 리듬 등을 평가하고, 더 나은 연주를 할 수 있도록 피드백을 제공한다. 문학 및 글쓰기 교육 분야에서는 챗GPT가 학생들이 글을 작성할 때 아이디어를 제시하거나 문장을 다듬는 데 도움을 줄 수 있다. 또한 AI 기반 문학 분석 도구는 학생들이 작성한 글을 문법적으로 분석하고 문체나 스토리 구성에 대한 피드백을 제공해 글쓰기 능력을 향상할 수 있도록 한다. 예술 피드백 시스템 분야에서는 AI가 학생들의 예술 작품에 대한 자동 피드백 시스템을 구축하는 데 활용된다. 예를 들어 미술 교육 플랫폼에서 AI는 학생이 업로드한 작품을 분석하고 구도, 명암, 색상 대비 등 여러 요소를 평가해 개선점을 제안할 수 있다. 이러한 시스템은 학생들이 더욱 효과적으로 자신의 예술적 역량을 발전시킬 수 있도록 돕는다. 더 나아가 가상현실과 증강현실을 활용한 몰입형 예술 교육이 가능해진다. 예를 들어 학생들은 가상현실 환경에서 직접 조각을 만들거나 증강현실을 통해 실제 공간에서 가상의 미술 작품을 감상하고 분석할 수 있다. 이러한 기술은 예술 교육을 더욱 직관적이고 상호작용적인 방식으로 변화시키고 있다.

AI 시대 예술 교육의 미래

AI의 발전은 예술 교육의 미래를 근본적으로 변화시키고 있으며, 다음과 같은 방향으로 더욱 발전할 것으로 예상된다. AI는 개별 학생의 학습 패턴을 분석하고 맞춤형 교육을 제공할 수 있다. 예를 들어 AI가 학생의 작품 스타일과 기량을 분석한 후 개인에게 적합한 연습 방법과 창작 방향을 제안할 수 있다. 이는 학생들이 자신의 강점을 더욱 발전시키고 부족한 부분을 보완할 수 있도록 도와준다. 또한 미래의 예술 교육에서는 AI와 인간이 협력하는 방식이 더욱 강조될 것이다. AI는 단순한 도구가 아니라 창작 과정에서 학생들과 협업하는 파트너로 활용될 수 있다. 예를 들어 학생이 AI에게 특정 스타일의 그림을 요청하고 AI가 이에 기반해 새로운 아이디어를 제공하면, 학생은 이를 수정하거나 발전시킬 수 있다. AI 기술을 활용한 예술 교육 플랫폼이 더욱 발전할 것이다. 온라인에서 AI 기반 창작 도구를 활용해 실시간으로 피드백을 받거나 AI 튜터와 상호작용하며 예술을 학습하는 환경이 더욱 보편화할 것으로 예상된다. 이러한 변화는 예술 교육의 접근성을 높이고, 더 많은 사람들이 예술을 배울 수 있도록 지원할 것이다. AI가 예술 교육에서 점점 더 중요한 역할을 담당하게 되면서 창작의 주체성과 예술적 가치에 대한 윤리적 고민이 필요해진다. AI가 생성한 작품과 인간의 창작물을 어떻게 구별할 것인지, AI가 창작한 예술이 진정한 예술로 인정받을 수 있는지 등에 대한 논의가 지속될 것이다. 이러한 고민을 바탕으로 AI와 예술 교육이 조화를 이루며 발전할 방향이 모색될 것이다.

참고문헌

Azuma, R. T.(1997). A survey of augmented reality. *Presence: Teleoperators & Virtual Environments*, 6(4), pp.355-385.

Google Creative Lab(2017). AutoDraw: Fast Drawing for Everyone. Experiments with Google, https://experiments.withgoogle.com/autodraw

마젠타(Magenta) 홈페이지. https://magenta.tensorflow.org/

오픈AI 챗GPT(ChatGPT) 홈페이지. https://openai.com/chatgpt

AIVA 홈페이지. https://www.aiva.ai

09
AI와 윤리

생성 AI는 대량의 데이터를 학습하는 딥러닝 기술을 기반으로 한다. 그러므로 학습 데이터의 저작권 문제를 포함한 윤리 문제가 대두된다. 또한 AI와의 협업으로 만들어진 창작물에 대한 주체성과 지적재산권 문제, 생성된 결과물의 편향성과 차별 문제 등의 이슈가 발생한다. 이 장에서는 AI의 발전과 함께 등장한 주요 윤리적 이슈를 살펴보고, 이에 대한 해결책과 대응 방안을 모색한다.

AI와 화장품?

AI와 윤리 문제

AI의 발전은 다양한 사회적 · 문화적 · 법적 문제를 동반하고 있다. 예술 창작 분야에서도 AI 기술이 활용되면서 여러 가지 윤리적 쟁점이 제기되고 있다. 예를 들어 AI가 생성한 창작물의 저작권 문제는 대표적인 윤리적 논쟁 중 하나로, 현재 많은 국가에서는 AI가 창작한 작품에 대해 법적으로 저작권을 인정하지 않고 있다(한국저작권위원회, 2023; 강기봉, 2023). 그러나 AI와 인간이 협업해 만든 창작물의 법적 지위는 모호한 상태며, 이에 대한 명확한 기준이 필요한 상황이다. 최근 일부 국가에서는 인간과의 협업을 인정해 저작권을 부여하려는 움직임이 나타나고 있다(박명순 · 김현경, 2024).

또 다른 측면은 AI가 예술을 창작할 때 인간이 담당하는 역할과 창작 주체성에 대한 논의다. 전통적으로 예술은 인간의 감성과 창의성을 반영하는 활동이었으나, AI가 창작을 대신 수행하면서 인간 창작자의 정체성과 역할이 약화될 가능성이 제기된다. 특히 AI가 단순한 도구 역할을 넘어 독립적으로 창작할 경우, 그 창작물의 의미와 가치가 어떻게 평가되어야 할지 불분명해진다(윤영선, 2024). 최근 세계적 추세를 보면 완전 자동화된 창작물에는 저작권을 인정하지 않는 경우가 많으나, 모델 학습에 사용된 데이터에 저작권이 있는 경우나 인간의 개입이 창작성에 기여한 경우에는 어느 정도 보호가 필요하다는 의견도 있다.

또 다른 윤리적 문제로는 AI의 편향성과 차별 문제가 있다. 학습한 데이터에 기반해 결과물을 생성하는 특성상, AI는 편향된 데이터를 학습할 경우 특정 집단이나 스타일에 대해 왜곡된 결과를 낼 수 있다. 예를 들어 AI가 특정 인종이나 성별을 과소대표하거나 과대대표하는 경우가 발생할 수 있으며, 이는 사회적 문제로 이어질 가능성이 있다. 마지막으로 AI가 생성한 콘텐츠에 대한 법적 · 윤리적 책임 문제도 중요한 쟁점이다. AI가 생성한 이미지, 음악, 문서가 잘못된 정보를 포함하거나 타인의 권리를 침해할 경우, 이를 개발한 기업, 사용자 또는 AI 자체 중 누구에게 책임을 물어야 하는지 논의되고 있다(강기봉, 2023).

대표적 윤리 문제 사례

AI 기술이 예술 창작에 적용되면서 다양한 윤리적 문제가 발생하고 있다. 최근 AI를 활용해 생성된 예술 작품들이 기존 예술가들의 스타일을 모방하면서 저작권 및 표절 논란이 지속적으로 제기되고 있다(윤영선, 2024). 예를 들어 AI 모델이 특정 예술가의 작품을 학습한 후 유사한 스타일의 작품을 생성할 경우, 이는 창작자의 권리를 침해하는 것으로 간주될 수 있다. 음악 분야에서도 AI 기반 음악 생성물이 기존 곡을 참고해 새로운 곡을 만들어낼 때, 원작자의 권리를 어디까지 인정해야 하는지에 대한 논란이 심화되고 있다(박명순 · 김현경, 2024). 실제로 AI가 특정 아티스트의 곡 스타일을 학습해 생성한 곡이 원곡과 유사할 경우 법적 분쟁으로 이어질 가능성이 크다.

또한 최근 일부 공모전에서 AI가 생성한 작품이 인간 창작자의 작품과 경쟁해 수상하는 사례가 등장하고 있는데, 이는 인간 창작자들의 기회를 침해하는 것으로 인식되어 공모전의 공정성에 대한 논란을 불러일으키고 있다. 아울러 AI가 예술 창작에 사용될 때 학습 데이터의 출처가 불명확한 경우가 많아, 허가받지 않은 데이터셋을 활용한 결과물로 인해 데이터 소유권 및 활용에 관한 법적 문제가 발생할 수 있다.

윤리 문제 대응 방안

AI 기술을 활용한 예술 창작이 지속적으로 발전하는 가운데, 윤리적 문제를 해결하기 위한 다양한 접근법이 요구된다. 우선 AI가 학습하는 데이터의 출처를 명확히 하고, 저작권이 있는 데이터를 무단으로 학습하는 것을 방지하기 위한 가이드라인이 마련되어야 한다(한국저작권위원회, 2023). AI 개발자들은 데이터 라이선스 정책을 준수하며 윤리적인 데이터 수집 방식을 확립하고, AI가 창작에 적극 활용되는 환경에서도 인간 창작자의 권리를 보장할 수 있는 장치를 마련해야 한다. 예를 들어 AI가 특정 예술가의 스타일을 학습할 경우, 이에 대한 보상 체계를 마련하거나 창작자의 동의를 받는 방식이 필요하다.

또한 공모전이나 전시회에 AI가 생성한 작품이 포함될 경우, 이를 명확히 공개하고 AI 창작물과 인간 창작물의 경계를 구분하는 규칙을 설정해 창작 과정의 투명성을 확보하고 공정성을 유지해야 한다. 마지막으로 AI가 창작한 예술 작품이 사회에 미치는 영향을 분석해 편향된 결과물 생성 방지를 위한 지속적인 모니터링과 개선 그리고 윤리적 가이드라인 수립이 필요하다(윤영선, 2024).

참고문헌

강기봉(2023). 인공지능이 생성한 콘텐츠의 저작권 보호. ≪IP &

Data 法≫, 3(1), 127-155쪽

박명순·김현경(2024). 인공지능(AI) 생성물의 저작권 침해 판단기준의 한계와 개선과제: AI 오디오 생성물을 중심으로. ≪선진상사법률연구≫, 106, 149-182쪽.

윤영선(2024). 생성형 AI와 저작권 침해 이슈의 기술적 고찰. ≪한국소프트웨어감정평가학회 논문지≫, 20(3), 1-11쪽.

한국저작권위원회(2023). 생성형 AI 저작권 안내서.

10
AI와 예술의 미래

AI 기술이 발전하면서 예술의 개념과 창작 방식도 급격한 변화를 맞고 있다. 이제 AI는 인간과 협력하는 공동 창작자에서 스스로 학습해 창작하는 독립 창작자로 발전할 것이다. 또한 예술의 영역도 텍스트, 이미지, 음악, 영상이 결합된 새로운 형태로 확장될 것이다. 여기에 가상현실, 증강현실, 확장현실 기술이 접목되면서 인터랙티브 · 몰입형 · 체감형 예술 분야가 꽃피울 것이다. 이러한 기술의 융합은 관객과 예술 작품 간 상호작용을 강화해 새로운 예술적 경험을 제공할 것이다.

종교와 AI?

AI 기반 예술의 미래

AI는 예술 창작의 방식과 개념을 근본적으로 변화시키고 있으며, 미래에는 더욱 창의적인 방식으로 인간과 협업하거나 독립적으로 예술을 창작할 것으로 예상된다(장소영, 2019). 현재 AI는 인간의 보조 도구로 활용되지만, 점점 더 창작 능력을 스스로 학습하는 방향으로 발전하고 있다. 예를 들어 텍스트 기반 AI는 이미 소설이나 시를 생성하고 있으며, 이미지 생성 AI는 특정 화풍을 학습해 창작 활동을 수행할 수 있다(조병철 · 방준성, 2024). 음악과 영상 분야에서도 AI가 독립적으로 작곡하고 편집하는 사례가 늘어나고 있으며, 미래에는 AI가 창작을 완전히 독립적으로 수행할 수 있는 시스템이 구축될 가능성이 있다. 또한 AI가 예술의 전 과정에 개입하면서 인간과 AI 간 협업 방식도 발전할 것이다. 예술가들은 AI를 통해 더욱 빠르게 아이디어를 스케치하거나 새로운 형태의 작품을 실험할 것이며, AI는 인간의 창의성을 보완하는 역할을 할 것으로 보인다(박희운, 2024).

관객이 단순히 작품을 감상하는 것이 아니라 AI가 실시간으로 반응하고 변형하는 예술 작품과 상호작용할 수 있는 환경이 조성될 것으로 보인다(박신의, 2017). 이를 통해 인터랙티브 미디어, 가상 갤러리, 실시간 AI 퍼

포먼스 등이 예술의 새로운 형태로 자리 잡을 것이다. 현재 AI는 특정한 데이터셋을 학습해 창작하는 방식을 취하지만, 앞으로는 독창적 스타일을 생성할 수 있도록 발전할 것이다. AI가 새로운 패턴을 학습하고 조합하는 과정을 통해 기존 예술 양식을 초월하는 독창적 작품이 등장할 가능성이 높으며, 이는 기존 예술가들이 AI를 창작 도구로 활용할 때 더욱 다양한 스타일을 탐색할 수 있도록 할 것이다(장소영, 2019).

창작 방식과 예술 산업의 변화 고찰

AI 기술의 발전은 창작 방식뿐 아니라 예술 산업의 구조와 경제적 모델에도 큰 변화를 가져올 것이다(박신의, 2017). AI가 창작한 작품이 예술 시장에서 정식으로 거래되는 사례가 증가하고 있다. 예를 들어 AI가 생성한 디지털 아트는 NFT(대체 불가능 토큰) 기술과 결합해 판매되고 있으며, AI가 작곡한 음악도 상업적으로 사용되고 있다. 이러한 변화는 예술 시장의 구조를 혁신하고 예술가의 전통적 역할을 변화시키고 있다. 또한 AI가 생성한 예술 작품의 저작권 문제는 여전히 해결되지 않은 논쟁거리다. 향후 AI 창작물의 법적 지위가 확립되면, AI가 독립적으로 창작한 작품이 상업적으로 활용될 가능성이 더욱 커질 것이다(차상욱, 2020).

아울러 AI 창작물이 점점 더 많아지면서 인간 창작물과의 차별성을 유지하는 것이 중요한 요소가 될 것이다. AI가 도입되면서 예술가들의 역할이 변화할 가능성이 크다. 과거에는 예술가가 직접 작품을 창작하는 것이 일반적이었지만, 미래에는 AI를 활용해 창작을 기획하고 조정하는 형태로 변화할 수 있다. 즉 AI와 협업해 창작 과정을 디자인하는 'AI 예술 감독'과 같은 새로운 직업군이 등장할 가능성이 높다. 또한 AI가 예술을 창작하는 방식이 발전하면서 대중과의 소통 방식도 변화할 것이다. AI를 활용하면 개인 맞춤형 예술 경험을 제공할 수 있어 사용자 참여형 콘텐츠가 더욱 확대될 것이다. 예를 들어 AI가 관객의 입력을 실시간으로 반영해 변화하는 전시나 공연이 증가할 가능성이 있다. AI가 예술 창작의 많은 부분을 담당하더라도 인간의 창의성과 감성을 완전히 대체할 수 없으므로 전통 예술과 AI는 공존할 것이다. 전통적인 예술 기법과 AI 기술을 결합한 하이브리드 예술이 활성화되면서 새로운 예술 형식이 탄생할 것으로 기대되며, 이러한 변화 속에서 예술가들은 AI를 도구로 활용하는 법을 익히고 기술과 예술을 융합해 더욱 혁신적인 작품을 만들어 낼 수 있을 것이다(장소영, 2019).

참고문헌

박신의(2017). 4차 산업혁명과 예술의 미래: 예술은 기술변화에 어떻게 대응해 왔고, 대응해갈 것인가?. ≪문화예술경영학연구≫, 10(1), 25-53쪽.

박희운(2024). 인공지능 블랙박스 모델과 예술 창의성의 상관성 연구. ≪디지털콘텐츠학회논문지≫, 25(5), 1129-1138쪽.

장소영(2019). 인공지능에 의한 예술 창작의 가능성 연구. 중앙대학교 조형예술학과 석사 학위 논문.

조병철·방준성(2024). 생성형 인공지능을 활용한 문화예술의 창작과 창의성 평가에 관한 연구. ≪방송공학회논문지≫, 29(5), 596-606쪽.

차상육(2020). 인공지능 창작물의 저작권법상 보호 쟁점에 대한 개정방안에 관한 연구. ≪계간 저작권≫, 33(1), 5-69쪽.

정성훈

한성대학교 AI응용학과에서 재직 중이다. 1989년 KAIST 석사 과정부터 인공지능 연구를 수행해 왔다. 2009년 KAIST 바이오및뇌공학과에서 연구년을 보내며 바이오 영감공학과 시스템생물학 연구를 약 8년 정도 진행했다. 2016년 알파고 사태를 계기로 다시 인공지능 연구에 집중하고 있으며, 최근 챗GPT와 같은 대규모 언어 모델에 자극을 받아 석사 시절부터 꿈꿔 왔던 범용 인공지능 구현에 관심을 두고 있다. 음악을 좋아해 2014년부터 인공지능 자동 작곡 연구를 해 오고 있으며 최근에는 대규모 언어 모델을 이용한 시나리오 생성 연구를 시작했다. 저서로는『Unix 및 인터넷 개론』(2000)이 있으며, 번역서로는『어셈블리 언어』(2004),『디지털공학(5판)』(2009) 등이 있다. 시스템 생물학 연구로 *Science Signaling* 표지 논문을 공동저자로 발표하는 등 20여 편의 SCI 논문과 160편 이상의 국내외 논문을 발표했다. 또한 국내 다양한 중소기업에 자문 교수로 활동하고 있다.